Lesson 2

CREATIVE 창의
CODING 코딩
PLAY 놀이
스크래치 3.0

KB199794

창의코딩 놀이(2) · 스크래치 3.0 자료 다운로드 방법 ·······▶

다음 페이지

렉스미디어 자료 다운로드

1 렉스미디어 홈페이지(http://www.rexmedia.net)에 접속한 후 **[자료실]-[대용량 자료실]**을 클릭합니다.

2 렉스미디어 자료실 페이지가 표시되면 **[영재스쿨] 폴더**를 클릭합니다.

3 영재스쿨 관련 페이지가 표시되면 **[영재스쿨(2)스크래치3.0.exe] 파일**을 클릭합니다.

4 파일 다운로드가 완료되면 **[파일 열기]**를 클릭합니다.

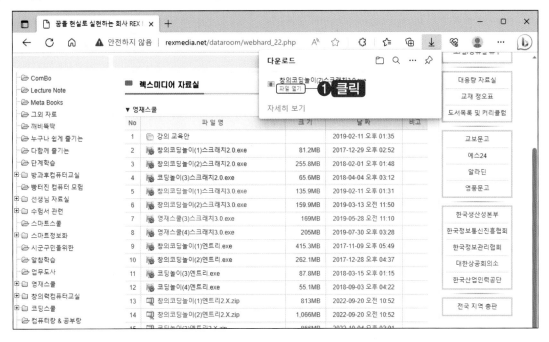

5 파일 탐색기가 실행되면 영재스쿨(2)스크래치3.0 자료를 확인합니다.

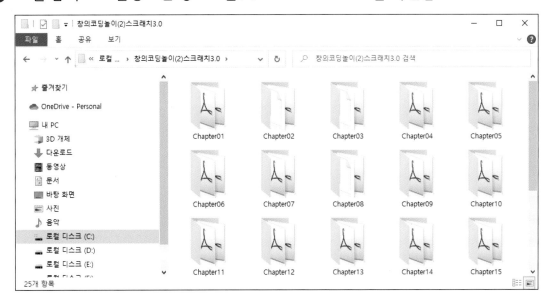

장별로 제공되는 폴더에는 예제 및 완성 파일과 함께 '창의력 향상문제'의 정답 등이 포함되어 있습니다.

이 책의 특징

창의 놀이

컴퓨팅 사고력을 통해 컴퓨터 과학의 기본 개념과 원리 및 컴퓨팅 시스템을 활용하여 실생활 및 다양한 분야에서 활용, 적용할 수 있는 능력을 키워주는 놀이 방식입니다.

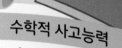
수학적 사고능력

오늘은 또 무슨 놀이를 할까?

창의놀이 하음이의 옷차림 알아맞히기~*

항상 옷차림에 신경쓰는 하음이는 오늘도 마음에 드는 옷을 고르느라 거울 앞에서 떠날 줄을 모릅니다. 잘 살펴보면 하음이가 옷을 갈아입을 때에도 나름 규칙이 있다는걸 알 수 있습니다.
다음 그림을 통해 규칙을 알아 보세요.

두두두둥~!!!

(월요일)

[화요일]

[수요일]

재미있는 놀이 방법으로 공부하며, 다양한 사고 능력 및 컴퓨터의 기본 원리를 자연스럽게 습득합니다.

(목요일)

[금요일]

[토요일]

🍬 왼쪽 그림을 보고 아래 물음에 답해 보세요.

▶ 토요일에 하음이가 입을 상의를 찾아 동그라미로 표시해 보세요.

▶ 토요일에 하음이가 입을 치마를 찾아 동그라미로 표시해 보세요.

▶ 토요일에 하음이가 신을 신발을 찾아 동그라미로 표시해 보세요.

아하! 알았다!!

어휴~ 어려운데~~

놀이 문제를 풀어보며 문제의 해결 능력을 키워줍니다.

이 책의 특징

코딩 놀이

블록 코딩 방식을 통해 문제 해결 방법 및 절차를 배우는 과정으로 알고리즘의 기본을 배우는 과정입니다.

코딩 놀이

축구공 놀이하기

Chapter 01

❖ 스프라이트의 방향을 수정하는 방법에 대해 알아봅니다.
❖ 스프라이트가 벽에 닿았을 때 튕기는 방법을 알아봅니다.

스크래치 프로그램을 이용하여 코딩 프로그램을 재미있게 학습합니다.

완성

핵심놀이 **스프라이트의 방향 수정하기**

스프라이트의 움직이는 방향으로 스프라이트의 방향을 클릭한 후 방향이란 스프라이트의 움직이는 방향으로 드래그하거나 [동작] 팔레트의 블록과 에서 원하는 방향으로 드래그하여 방향을 수정할 수 있습니다. 블록 등을 이용하여 방향을 수정합니다.

오늘 배울 내용의 핵심 주제를 알기 쉽게 설명하여 배울 내용의 기본 지식을 습득합니다.

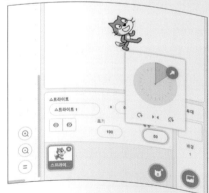

14 창의코딩놀이(2) · 스크래치 3.0

축구공의 이동 방향 수정하기

① 스크래치 프로그램에서 **스프라이트 1을 삭제**한 후 [배경 고르기]을 이용하여 'Playing Field'를 **선택**한 다음 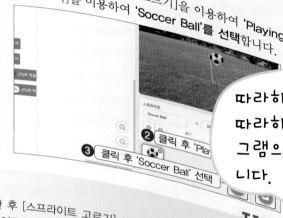[스프라이트 고르기]을 이용하여 '**Soccer Ball'를 선택**합니다.

스프라이트 삽입하기

[스프라이트 고르기]를 클릭한 후 [스프라이트 고르기] 대화상자에서 삽입할 스프라이트 (Soccer Ball)를 클릭하여 스프라이트를 삽입할 수 있습니다.

TIP

따라하기 방식을 쉽게 따라하면서 코딩 프로 그램의 사용법을 배웁 니다.

② 'Soccer Ball' 스프라이트의 [모양] 탭에서 ▶[선택]을 **선택**한 다음 **크기 조절점을 드래그**하여 크기를 조절합니다.

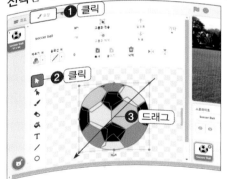

③ 'Soccer Ball' 스프라이트의 **방향을 클릭**한 후 **방향(50°)을 수정**합니다.

TIP

방향 값 수정하기

방향을 드래그하여 수정할 수 있고, 값을 입력하여 수정할 수도 있습니다.

순서대로 따라하니까 바로 만들어지네~^^

이 책의 차례

스크래치 오프라인 다운로드 및 설치하기

스크래치 프로그램은 스크래치 사이트에서 직접 실행하거나 오프라인 프로그램을 다운로드 받아 컴퓨터에 설치하여 실행할 수 있는 2가지 방법이 있습니다.

1 크롬을 실행한 후 스크래치 사이트(https://scratch.mit.edu)에서 아래로 이동한 다음 메뉴 목록에서 **[다운로드]**를 클릭합니다.

2 스크래치 3.0 다운로드 화면이 표시되면 컴퓨터 운영체제에 따른 **[바로 다운로드]**를 클릭한 후 다운로드가 완료되면 **[파일 열기]**를 클릭합니다.

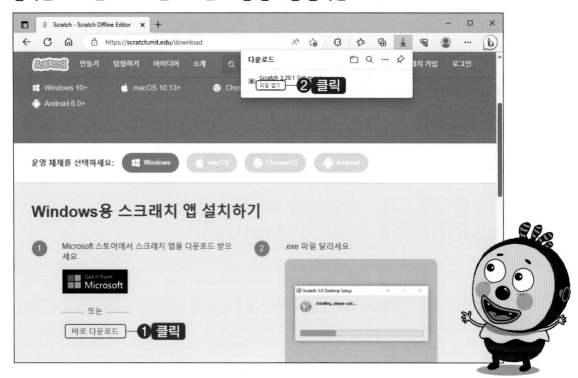

3 [Scratch 3 설치] 대화상자가 나타나면 **[설치] 단추를 클릭**합니다.

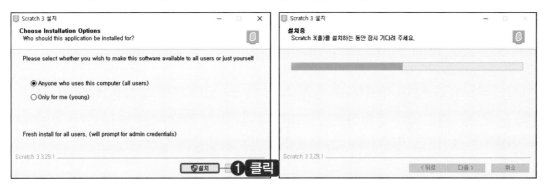

4 설치 과정이 완료되면 **[마침] 단추를 클릭**한 다음 **[Do not share my usage data with the Scratch Team]을 선택**한 후 **[Close] 단추를 클릭**합니다.

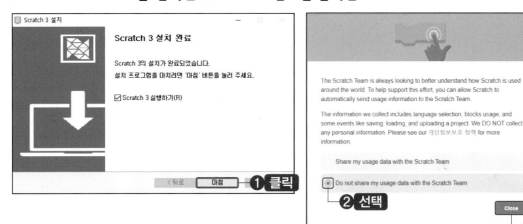

5 설치 과정이 완료되면 다음과 같이 스크래치가 실행됩니다.

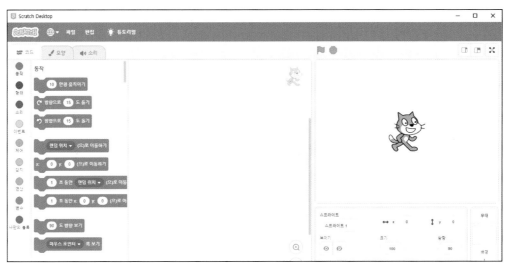

창의놀이 **01**

추상화

가장 좋아하는 음식 찾기~*

건모는 부모님과 함께 마트에서 장을 보고 푸드 코너에서 점심을 먹으려고 합니다. 건모는 면 종류를 모두 좋아하는 편이며, 그 중 가장 좋아하는 음식은 중국집에서 만든 면요리라고 할 수 있습니다. 다음 메뉴를 보고 물음에 답해 보세요.

파스타   김밥   자장면   불고기

비빔밥   냉면   떡국   칼국수

쌀국수   피자   라면   볶음밥

▶ 보기의 메뉴 중에서 면 요리를 제외한 나머지 메뉴는 어떤 것일까요?

▶ 건모가 메뉴를 보고 좋아하는 요리 6가지를 골랐습니다. 어떤 메뉴일까요?

▶ 건모가 고른 메뉴 6가지 중에서 가장 좋아하는 메뉴의 요리는 어떤 것일까요?

🍬 왼쪽 그림의 요리를 아래 그림의 5개 전문점에서 판매할 때 빈 칸에 들어갈 메뉴로 옳은 것을 보기 메뉴에서 골라 넣어 보세요.

중국 음식점

볶음밥

분식집

라면

칼국수

한정식집

냉면

떡국

불고기

비빔밥

이탈리아 음식점

파스타

베트남 음식점

쌀국수

코딩놀이

축구공 놀이하기

오늘의 놀이

⚙ 스프라이트의 방향을 수정하는 방법에 대해 알아봅니다.
⚙ 스프라이트가 벽에 닿았을 때 팅기는 방법을 알아봅니다.

완성

핵심놀이 스프라이트의 방향 수정하기

방향이란 스프라이트의 움직이는 방향으로 스프라이트의 방향을 클릭한 후 방향 항목에서 원하는 방향으로 드래그하거나 [동작] 팔레트의 [방향으로 15 도 돌기] 블록과 [방향으로 15 도 돌기] 블록 등을 이용하여 방향을 수정할 수 있습니다.

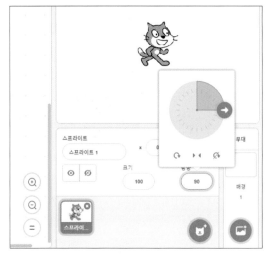
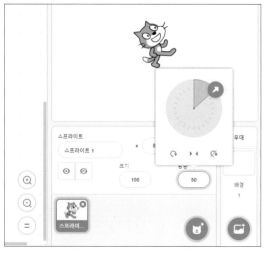

축구공의 이동 방향 수정하기

① 스크래치 프로그램에서 **스프라이트 1을 삭제**한 후 [배경 고르기]을 이용하여 '**Playing Field**'를 **선택**한 다음 ㅇ[스프라이트 고르기]을 이용하여 '**Soccer Ball**'을 **선택**합니다.

TIP

스프라이트 삽입하기
ㅇ[스프라이트 고르기]를 클릭한 후 [스프라이트 고르기] 대화상자에서 삽입할 스프라이트 (Soccer Ball)를 클릭하여 스프라이트를 삽입할 수 있습니다.

② 'Soccer Ball' 스프라이트의 [모양] 탭에서 ▶[선택]을 선택한 후 드래그하여 **축구공을 선택**한 다음 **크기 조절점을 드래그하여 크기를 조절**합니다.

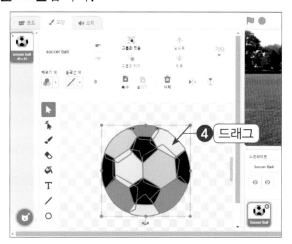

③ 'Soccer Ball' 스프라이트의 **방향을 클릭**한 후 **방향(50°)을 수정**합니다.

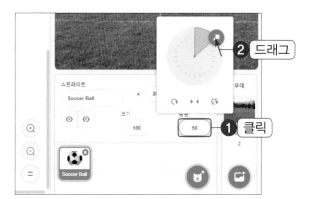

TIP

방향 값 수정하기
방향을 드래그하여 수정할 수 있고, 값을 입력하여 수정할 수도 있습니다.

스프라이트가 벽에 닿으면 튕기기

1 [코드] 탭에서 [이벤트] 팔레트의 [클릭했을 때] 블록과 [제어] 팔레트의 [무한 반복하기] 블록을 **스크립트 창에 연결**합니다.

2 [동작] 팔레트의 [10 만큼 움직이기] 블록과 [벽에 닿으면 튕기기] 블록을 스크립트 창의 [무한 반복하기] 블록 안에 드래그하여 끼워넣습니다.

3 블록 코딩이 완성되면 [시작하기]를 클릭한 후 실행 창에서 스프라이트가 50° 방향으로 이동하면서 벽에 닿으면 튕기는지 확인합니다.

1 스크래치에서 다음과 같이 배경 및 스프라이트를 추가한 후 실행해 보세요.
- 배경 : Underwater 1, 스프라이트 : Fish
- Fish 스프라이트의 정보 수정 : 방향(140°)
- [시작하기]를 클릭하면 Fish가 10만큼 움직이면서 벽에 닿으면 튕기기를 무한 반복

2 앞에서 완성한 프로젝트에서 Fish가 위/아래 수직으로만 움직이도록 바꾸기 위해 Fish 스프라이트의 수정 사항으로 옳은 것은 무엇입니까?

❶

❷

❸

❹

데칼코마니 기법 활용하기~*

건모는 미술 시간에 데칼코마니 기법을 활용하기 위해 스케치북 한 면에 그림을 그리고 접었습니다. 아래의 그림을 참고하여 문제를 풀어 보세요.

🍬 데칼코마니의 결과를 보고 ❶에 들어갈 그림의 번호를 골라 보세요.

(1)   (2)   (3)   (4)

🍬 데칼코마니의 결과를 보고 ❷에 들어갈 그림의 번호를 골라 보세요.

(1)   (2)   (3)   (4)

🍬 데칼코마니의 결과를 보고 ❸에 들어갈 그림의 번호를 골라 보세요.

(1)   (2)   (3)   (4)

🍬 왼쪽 스케치북에서 ❶, ❷, ❸의 특징을 설명한 것으로 옳은 것을 골라 보세요.

(1) 사람이 탈 수 있습니다.
(2) 사람이 먹을 수 있습니다.

코딩
놀이

블록 코딩 및 스프라이트 복사하기

Chapter
O2

오늘의 놀이
- 블록 코딩의 복사 방법을 알아봅니다.
- 스프라이트의 복사 방법을 알아봅니다.

완성

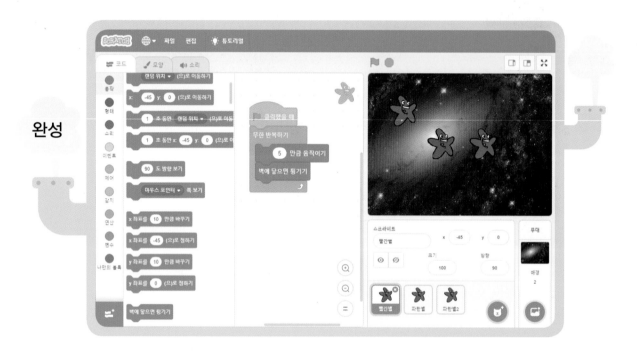

핵심놀이 블록 코딩의 복사하기

스크립트 창에서 완성한 블록 코딩은 현재 스프라이트의 스크립트 창 또는 다른 스프라이트의 스크립트 창 등에 복사할 수 있습니다. 블록 코딩의 복사는 마우스 오른쪽 단추를 눌러 바로 가기 메뉴의 [복사하기]를 클릭하면 해당 스크립트 창에 코드가 복사되고, 블록을 다른 스프라이트의 스크립트 창에 드래그하여 블록을 복사할 수 있습니다.

20 창의코딩놀이(2) · 스크래치 3.0

블록 코딩 복사하기

① [파일]-[컴퓨터에서 가져오기] 메뉴를 통해 [Chapter02] 폴더의 '별.sb3' 파일을 불러온 다음 **빨간별 스프라이트의 블록 코딩을 확인**합니다.

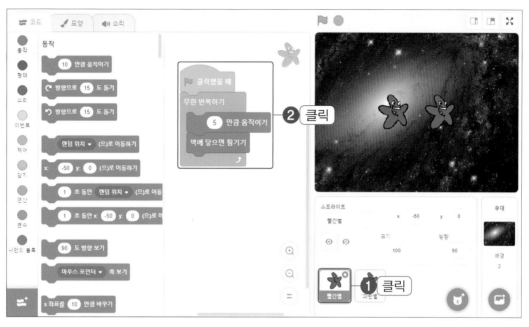

TIP

작품 불러오기

[파일]-[컴퓨터에서 가져오기] 메뉴를 클릭한 후 [열기] 대화상자가 나타나면 [C:₩창의코딩놀이(2)스크래치3.0₩Chapter02] 폴더의 '별.sb3' 파일을 선택한 다음 [열기] 단추를 클릭합니다.

② 블록 코드를 다른 스프라이트에 복사하기 위해 빨간별 스프라이트의 **블록 코드를 파란별 스프라이트로 드래그**합니다.

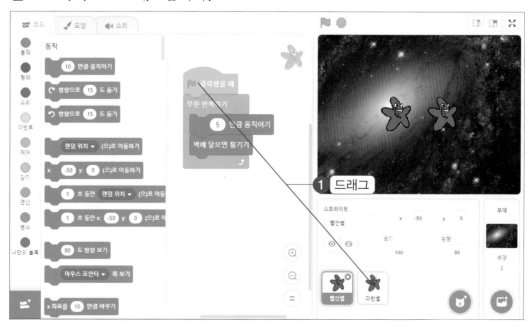

스프라이트의 복사하기

① 스프라이트 목록의 파란별 스프라이트에서 마우스 오른쪽 단추를 눌러 바로 가기 메뉴의 [복사]를 클릭합니다.

② 스프라이트 목록에 선택한 스프라이트가 복사(파란별2)되어 표시되며, **실행 창에서 파란별2 스프라이트를 드래그**하여 원하는 위치로 이동합니다.

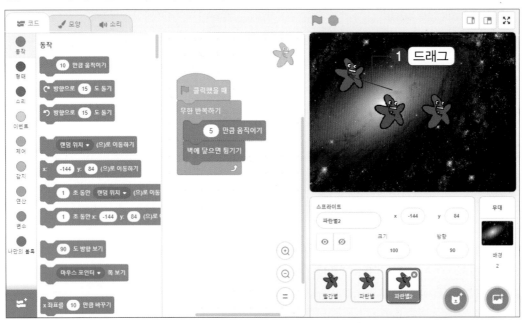

③ ▶[시작하기]를 클릭한 후 실행 창에서 파란별과 빨간별 그리고 복제된 파란별2 스프라이트가 블록 코드에 따라 실행되는지 확인합니다.

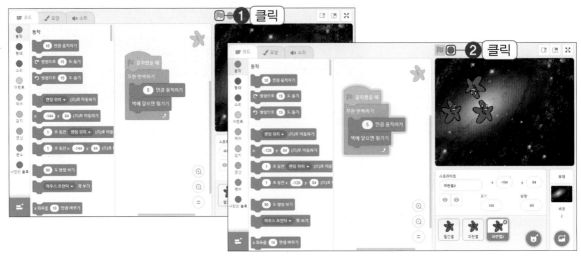

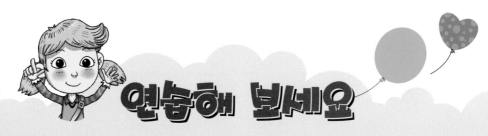

1 스크래치 프로그램에서 [Chapter02] 폴더의 '유령.sb3' 파일을 열고 결과화면과 같이 실행 창을 완성해 보세요.
- 유령1 스프라이트의 블록 코딩을 복사하여 유령2 스프라이트에 복사하기
- 유령1 스프라이트를 복사(유령3)한 후 실행 창에서 원하는 위치로 이동하기
- [시작하기]를 클릭한 후 유령1~3의 실행 확인하기

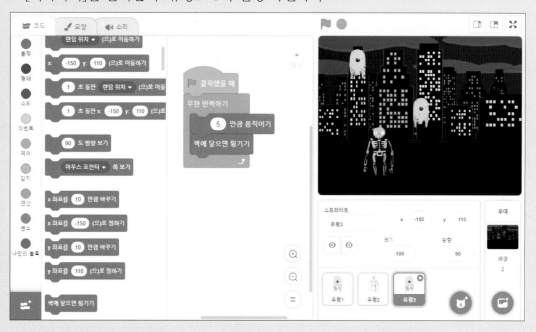

2 앞에서 완성한 프로젝트에서 아래 조건과 같이 수정한 후 실행해 보세요.
- 유령1~3 스프라이트의 방향을 임의의 각도로 수정하기
- 유령1~3 스프라이트의 스크립트 창에서 `10 만큼 움직이기` 블록의 입력 값을 임의로 수정한 후 실행하기

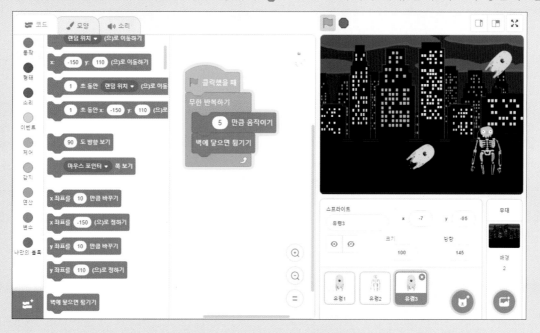

창의놀이 O3

올해의 유행 패션 알아보기~*

패션 잡지에 나온 기사 내용과 지금까지 수집해 왔던 패션 사진을 보며 유행에 대해 생각해 보았습니다. 다음 기사와 함께 패션 사진을 참고하여 올해의 유행 패션을 찾아 보세요.

[기사 내용]

올해의 패션

작년까지 짧은 반바지에 팔목까지 닿는 7부 소매의 스타일이 유행이었지만 올 여름 유행할 패션 의상은 발목까지 길게 내려오는 치마에 손목까지 내려오는 긴 소매의 옷이라고 합니다.

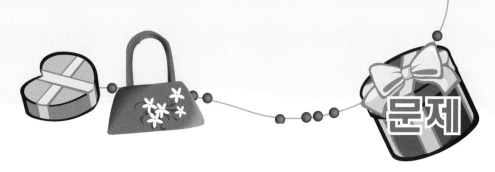

🍬 지금까지 수집해 왔던 패션 사진을 보고 아래 물음에 답해 보세요.

(가)　　　　(나)　　　　(다)

(라)　　　　(마)　　　　(바)　　　　(사)

▶ 기사내용을 참고하여 올 해 유행할 옷차림의 의상을 찾아 보세요.

▶ 작년에 유행했던 옷차림을 보기에서 찾아 보세요.

런닝맨 달리기

Chapter 03

오늘의 놀이
❋ 스프라이트의 회전 방식을 변경하는 방법에 대해 알아봅니다.
❋ 프로그램 코딩의 실행 속도를 조절하는 방법에 대해 알아봅니다.

완성

핵심놀이 스프라이트의 회전 방식 알아보기

스프라이트의 회전 방식에는 스프라이트가 어느 각도든지 자유롭게 회전할 수 있는 회전하기(↻) 방식과 좌우로만 움직이는 왼쪽/오른쪽(▸◂) 그리고 어느 각도로도 움직이지 않고 고정되는 회전하지 않기(⊘) 등이 있습니다.

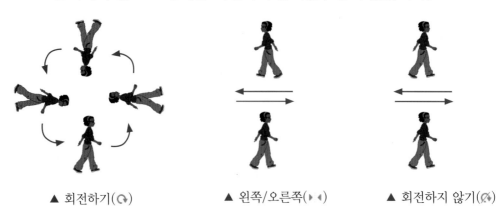

▲ 회전하기(↻)   ▲ 왼쪽/오른쪽(▸◂)   ▲ 회전하지 않기(⊘)

육상선수 스프라이트의 움직임 만들기

1 [파일]–[컴퓨터에서 가져오기] 메뉴를 통해 [Chapter03] 폴더의 '런닝맨.sb3' 파일을 불러온 후 **육상선수 스프라이트의 모양을 확인**합니다.

2 [코드] 탭에서 [이벤트] 및 [제어] 팔레트의 블록과 블록을 스크립트 창에 연결한 후 [동작] 팔레트에서 `10 만큼 움직이기`와 `벽에 닿으면 튕기기` 블록을 `무한 반복하기` 블록 안에 끼워넣습니다.

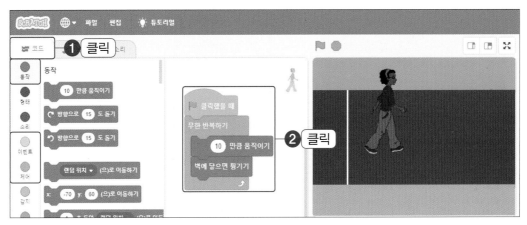

3 [형태] 팔레트의 `다음 모양으로 바꾸기` 블록을 드래그하여 `무한 반복하기` 블록안에 연결합니다.

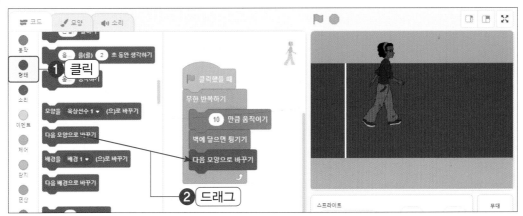

회전방식 변경 및 속도 조절하기

① 육상선수 스프라이트의 블록 코딩이 완성되면 🏳[시작하기]를 클릭합니다. 육상선수 스프라이트가 오른쪽에서 왼쪽으로 이동할 때 회전 방식에 따라 거꾸로 보이는 것을 확인할 수 있습니다.

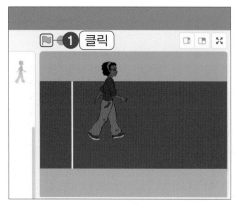

▲ 회전하기(↻)

② **스프라이트**의 회전방식을 **왼쪽/오른쪽(▶◀)으로 수정**한 후 🏳[시작하기]를 클릭합니다. 육상선수 스프라이트가 회전되어 거꾸로 보이지 않고 좌우로만 바뀌어 이동합니다.

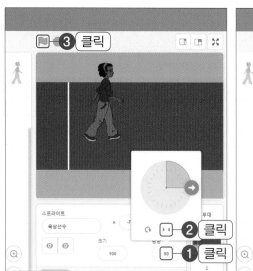

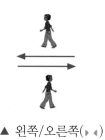

▲ 왼쪽/오른쪽(▶◀)

③ 이동 속도를 늦추기 위해 [제어] 팔레트의 [1 초 기다리기] 블록을 드래그하여 [무한 반복하기] 블록안에 **연결**한 후 **입력 값(0.5)을 수정**한 다음 🏳[시작하기]를 클릭합니다.

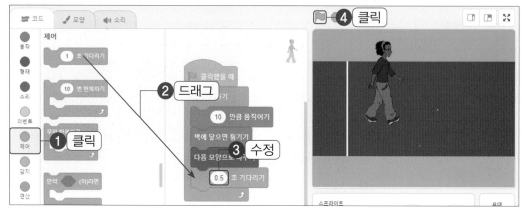

1 스크래치 프로그램에서 [Chapter03] 폴더의 '자동차1.sb3' 파일을 열고 결과화면과 같이 실행 창을 완성해 보세요.
- 자동차 스프라이트에서 [시작하기]를 클릭하면 계속 반복해서 이동 방향으로 10만큼씩 이동하면서 벽에 닿으면 튕기도록 설정하며, 이때 모양이 계속해서 다음 모양으로 바뀌도록 블록 코딩으로 만들기
- 자동차 스프라이트의 회전방식을 왼쪽/오른쪽(▶◀) 방식으로 바꾸기
- 블록을 이용하여 속도를 임의로 수정하여 실행하기

2 스크래치 프로그램에서 [Chapter03] 폴더의 '자동차2.sb3' 파일을 열고 결과화면과 같이 실행 창을 완성해 보세요.
- Taco 스프라이트에서 [시작하기]를 클릭하면 계속 반복해서 이동 방향으로 5만큼씩 이동하면서 벽에 닿으면 튕기도록 설정하며, 이때 모양이 계속해서 다음 모양으로 바뀌도록 블록 코딩으로 만들기
- Taco 스프라이트의 회전방식을 왼쪽/오른쪽(▶◀) 방식으로 바꾸기
- 블록을 이용하여 속도를 임의로 수정하여 실행하기

창의놀이

논리적 사고능력

스케줄 조정하여 영화보기~*

건모는 최신 개봉 영화를 이번주에 보려고 합니다. 그런데 학교 수업시간과 학원 시간을 제외하고 나머지 시간에 영화를 보아야 한답니다. 건모의 주간 스케줄과 영화 상영 시간을 확인하여 영화를 볼 수 있는 시간을 예상해 보세요.

※ 건모의 주간 스케줄

	월	화	수	목	금	토	일
	학교 수업 오전 9시~ 오후 1시	학교 수업 오전 9시~ 오후 3시	학교 수업 오전 9시~ 오후 2시	학교 수업 오전 9시~ 오후 3시	학교 수업 오전 9시~ 오후 2시	가족 여행	
1시							
2시							
3시							
4시			피아노		수영		
5시		방과후수업		방과후수업			
6시							
7시							

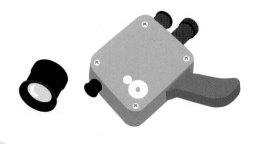

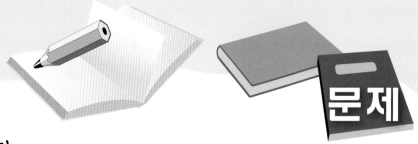

※ 영화 상영 시간

	오전	오후	
월요일	10시~12시		
화요일		3시 30분 ~ 5시 30분	4시 30분 ~ 6시 30분
수요일		3시 ~ 5시	4시 30분 ~ 6시 30분
목요일		3시 ~ 5시	4시 30분 ~ 6시 30분
금요일	10시 ~ 12시	3시 30분 ~ 5시 30분	
토요일	10시 ~ 12시	2시 ~ 4시	
일요일		2시 ~ 4시	5시 ~ 7시

▶ 건모가 영화를 볼 수 있는 요일과 시간은 언제 입니까?

▶ 태권도 배우는걸 좋아하는 건모가 학원에 다니고 싶어합니다. 다음 보기의 수강반 중에서 건모가 다닐 수 있는 수업시간은 무엇입니까?

(1) 월수금 오후 4시 30분 ~ 5시 30분
(2) 화목 오후 4시 30분 ~ 5시 30분

코딩놀이

하늘을 나는 풍선 만들기

Chapter 04

오늘의 놀이
✱ 실행 창의 좌표에 대해 알아봅니다.
✱ 좌표와 관련된 블록을 통해 스프라이트의 이동 방법을 알아봅니다.

완성

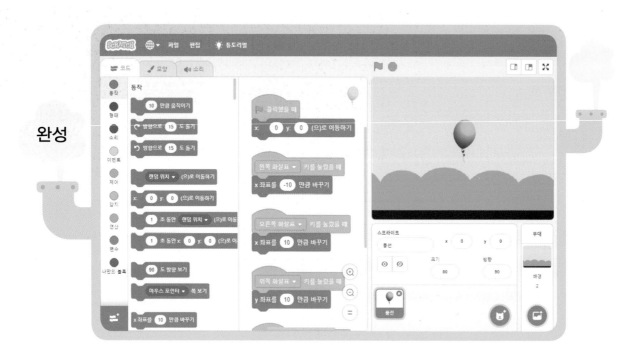

핵심놀이 실행 창의 좌표 및 좌표를 이용한 블록 알아보기

실행 창은 기본적으로 좌표로 이루어져 있으며, X축(가로) 방향으로 −240 ~
240, Y축(세로) 방향으로 −180 ~ 180의 크기로 좌표를 이용하여 스프라이트의
위치를 변경할 수 있습니다.

좌표를 이용한 블록 코드

`x 좌표를 10 만큼 바꾸기` 스프라이트의 X좌표를 설정한 값만큼 이동합니다.

`y 좌표를 10 만큼 바꾸기` 스프라이트의 Y좌표를 설정한 값만큼 이동합니다.

`x 좌표를 0 (으)로 정하기` 스프라이트가 입력한 X좌표로 이동합니다(중심점 기준).

`y 좌표를 0 (으)로 정하기` 스프라이트가 입력한 Y좌표로 이동합니다(중심점 기준).

`x 0 y 0 (으)로 이동하기` 스프라이트가 입력한 X와 Y좌표로 이동합니다.

바꾸기 블록의 경우 스프라이트가 위치한 좌표 값에 입력 값 만큼을 더하여 해당
위치로 이동하며, 정하기 블록의 경우 현재 스프라이트의 위치와 관계없이 실행
창의 해당 좌표 위치로 이동합니다.

풍선 스프라이트의 움직임 만들기

1 [파일]–[컴퓨터에서 가져오기] 메뉴를 통해 [Chapter04] 폴더의 '풍선.sb3' 파일을 불러옵니다.

2 풍선 스프라이트의 [코드] 탭에서 [이벤트] 팔레트의 블록과 [동작] 팔레트의 블록을 스크립트 창으로 드래그하여 다음과 같이 블록을 연결합니다.

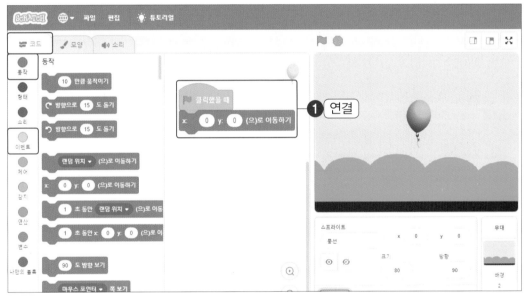

TIP

블록을 이용한 좌표 이해하기

[시작하기]를 클릭했을 때 풍선 스프라이트의 중심점을 기준으로 X좌표 0, Y좌표 0의 위치로 이동합니다.

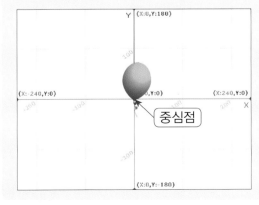

좌표 블록을 이용한 방향 바꾸기

① 풍선 스프라이트의 [코드] 탭에서 [이벤트] 팔레트의 █████ 블록을 스크립트 창으로
드래그한 후 █[목록] 단추를 클릭한 다음 [왼쪽 화살표]를 선택합니다.

② [동작] 팔레트의 █ x 좌표를 10 만큼 바꾸기 █ 블록을 █████ 블록에 연결한 후 **입력값(-10)을 수정합니**
다. 같은 방법으로 다음과 같이 스크립트 창에 **블록을 연결**합니다.

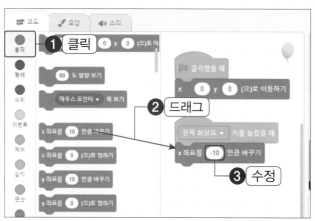

③ █[시작하기]를 **클릭**한 후 키보드의 화살표 방향키(↑/↓/←/→)를 눌러 해당 방향으로
이동하는지 확인합니다.

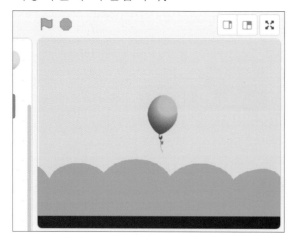

1 스크래치 프로그램에서 [Chapter04] 폴더의 '동물날리기1.sb3' 파일을 열고 결과화면과 같이 실행 창을 완성한 후 실행해 보세요.

- 하마 스프라이트 : [시작하기]를 클릭하면 X좌표(-90), Y좌표(-100) 위치로 이동한 후 무한 반복하여 모양이 바뀌도록 설정합니다. 좌표를 이용한 블록으로 키보드의 방향키를 누르면 해당 방향으로 임의의 값만큼 이동하도록 설정합니다.

2 스크래치 프로그램에서 [Chapter04] 폴더의 '동물날리기2.sb3' 파일을 열고 결과화면과 같이 그리핀 스프라이트를 완성하여 2인용 동물날리기를 완성해 보세요.

- 그리핀 스프라이트 : [시작하기]를 클릭하면 X좌표(30), Y좌표(-60) 위치로 이동한 후 무한 반복하여 모양이 바뀌도록 설정합니다.

- 좌표를 이용한 블록으로 키보드의 A를 누르면 왼쪽 방향, D를 누르면 오른쪽 방향, W를 누르면 위쪽 방향, S를 누르면 아래쪽 방향으로 임의의 값만큼 이동하도록 설정합니다.

모눈종이 이미지 숫자로 만들기~*

건모는 모눈종이 위의 이미지를 숫자로 나타내어 친구에게 맞추도록 문제를 냈습니다. [이렇게 하는 거예요] 내용을 참고하여 문제를 완성해 보세요.

이렇게 하는 거예요!

[모눈종이 이미지를 읽는 방법]

컴퓨터는 모든 정보를 숫자로 나타냅니다. 모눈종이 위의 이미지를 숫자로 나타내기 위해 0과 1의 숫자를 이용합니다. 가장 위쪽의 왼쪽부터 차례로 칸의 색이 채워진 경우에는 1로, 채워지지 않은 경우에는 0으로 나타냅니다.

[모눈종이 이미지를 읽기]

1	0	0	0	1
1	0	0	0	1
0	1	0	1	0
0	0	1	0	0
0	0	1	0	0
0	0	1	0	0

🍬 왼쪽 [이렇게 하는 거예요] 내용을 참고하여 모눈종이 이미지를 숫자로 표현하였을 때 빈 칸을 숫자로 채워 보세요.

0	1	1	1	0
1	0	0	0	1
0	0	0	0	1
			1	0
			0	0
1	1	1	1	1

로켓 발사하기

오늘의 놀이
* 좌표를 이용한 스프라이트 이동의 원리를 알아봅니다.
* 블록을 이용하여 로켓 발사 동작을 만들어봅니다.

완성

핵심놀이 반복하기 및 좌표 블록을 이용한 스프라이트 이동하기

특정 키를 눌러 위로 올라가는 동작을 만들기 위해서는 █ 번 반복하기 블록 안에
y좌표를 ● 만큼 바꾸기 블록을 끼워넣고 입력 값을 양수 값으로 입력하여 동작을 만들 수 있습니다.

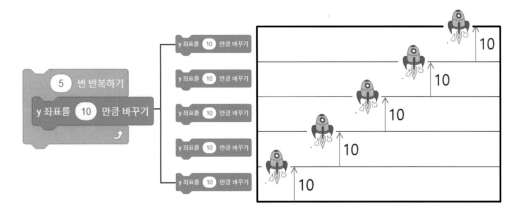

로켓 스프라이트의 움직임 만들기

① **[파일]-[컴퓨터에서 가져오기] 메뉴를 클릭**한 후 [Chapter05] 폴더의 '로켓발사.sb3'
파일을 불러옵니다.

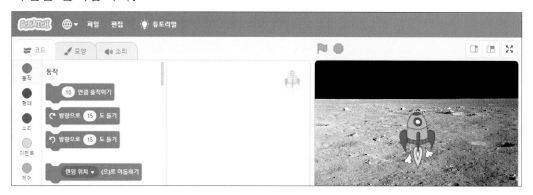

② 로켓 스프라이트의 [코드] 탭에서 [이벤트] 팔레트의 ⬚⬚⬚ 블록을 스크립트 창으
로 드래그합니다.

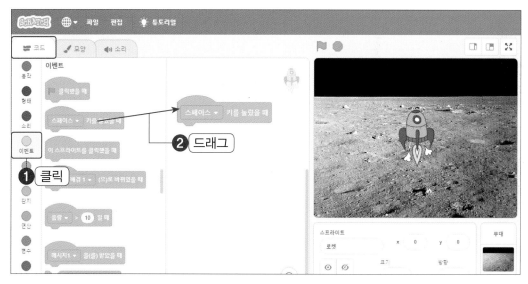

③ **[형태] 팔레트**의 ⬚⬚⬚ 블록을 드래그하여 ⬚⬚⬚ 블록에 연결합니다.

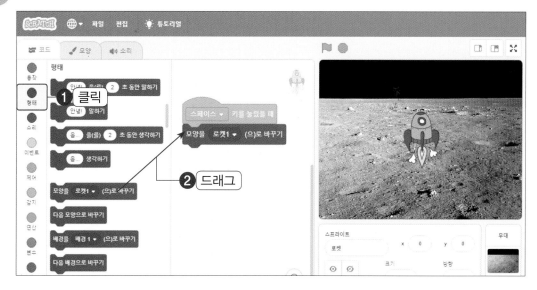

④ [제어] 팔레트의  블록을 연결한 후 입력 값(50)을 수정한 다음 [동작] 팔레트의 블록을 블록 안에 끼워넣습니다.

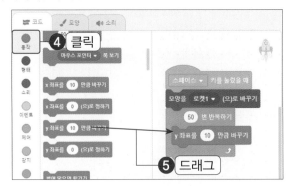

⑤ 로켓의 위치 및 모양을 초기 상태로 만들기 위해 다음과 같이 블록을 작성합니다.

TIP

블록 목록 선택하기

블록의 ▼[목록] 단추를 클릭한 후   을 선택합니다.

⑥ [시작하기]를 클릭한 후 키보드의 스페이스바(SpaceBar)를 눌러 로켓이 발사되는지 확인합니다.

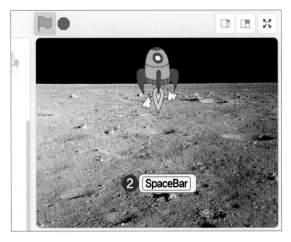

연습해 보세요

1 스크래치 프로그램에서 [Chapter05] 폴더의 '잠수부.sb3' 파일을 열고 결과화면과 같이 실행 창을 완성한 후 실행해 보세요.

- 잠수부 스프라이트 : [시작하기]를 클릭하면 특정 위치로 이동한 후 키보드의 SpaceBar 를 누르면 잠수부가 위쪽으로 올라갑니다.
- 잠수부의 모양은 처음 준비 모양에서 키보드의 SpaceBar 를 눌렀을 때 모양이 변경되도록 수정합니다.

2 스크래치 프로그램에서 [Chapter05] 폴더의 '고양이.sb3' 파일을 열고 결과화면과 같이 실행 창을 완성한 후 실행해 보세요.

- 고양이 스프라이트 : [시작하기]를 클릭하면 특정 위치로 이동한 후 키보드의 SpaceBar 를 누르면 고양이가 오른쪽으로 움직입니다.
- 고양이 모양은 처음 걷는 모양에서 키보드의 SpaceBar 를 눌렀을 때 모양이 변경되도록 수정합니다.

숫자를 모눈종이 이미지로 만들기~*

🍬 건모는 숫자를 모눈종이 위의 이미지로 나타내어 친구에게 맞추도록 문제를 냈습니다. [이렇게 하는 거예요] 내용을 참고하여 문제를 완성해 보세요.

이렇게 하는 거예요!

[모눈종이 이미지를 읽는 방법]

컴퓨터는 0과 1로된 숫자를 통해 정보를 기억하며 기억된 정보를 이미지화 하여 인쇄할 수 있습니다. 가장 위쪽의 왼쪽부터 차례로 숫자1은 색을 채우고 숫자0은 색을 채우지 않는 부분으로 나타내어 정보를 인쇄해 보세요.

[숫자 정보를 통해 인쇄하기]

1	0	0	0	0	1
1	1	0	0	0	1
1	0	1	0	0	1
1	0	0	1	0	1
1	0	0	0	1	1
1	0	0	0	0	1

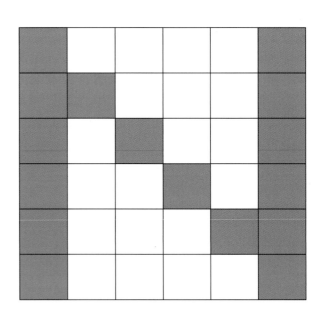

🍬 왼쪽 [이렇게 하는 거예요] 내용을 참고하여 숫자 정보를 이미지로 표현하였을 때
정확한 이미지로 만들어 보세요.

1	1	1	1	1	1
0	0	0	0	0	1
0	0	0	0	0	1
0	0	1	0	1	0
0	0	1	0	0	0
1	1	1	1	1	1

좌표를 이용한 점프 만들기

오늘의 놀이
* 좌표를 이용한 점프 동작의 원리를 알아봅니다.
* 블록을 이용하여 점프 동작을 만들어봅니다.

완성

[핵심놀이] **점프 동작 이해하기**

특정 키를 눌러 위로 점프해서 올라갔다가 다시 원래의 위치로 내려오는 동작을 만들기 위해서는 █ ◯ 번 반복하기 블록 안에 y좌표를 ◯ 만큼 바꾸기 블록을 끼워넣고 입력 값을 양수 값으로 입력하여 위로 올라갔다가 다음 █ ◯ 번 반복하기 블록 안에 y좌표를 ◯ 만큼 바꾸기 블록의 음수 값을 입력하면 아래로 내려오는 동작을 만들 수 있습니다.

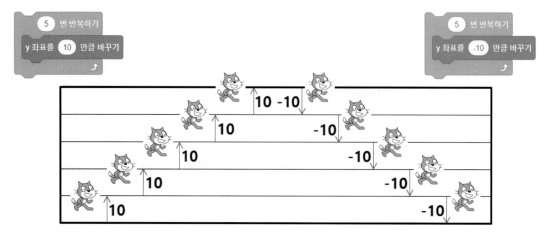

Ballerina 스프라이트의 점프 동작 만들기

① [파일]–[컴퓨터에서 가져오기] 메뉴를 클릭한 후 [Chapter06] 폴더의 '점핑.sb3' 파일을 불러옵니다. 그런다음 레이아웃을 변경합니다.

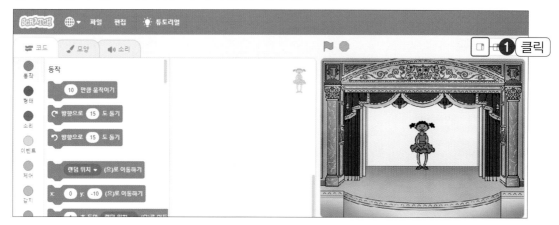

② Ballerina 스프라이트의 [코드] 탭에서 [이벤트] 및 [동작] 팔레트를 이용하여 다음과 같이 스크랩트 창에 **블록을 연결**한 후 **입력 값을 수정**합니다.

③ [형태] 팔레트의 모양을 ballerina-a (으)로 바꾸기 블록을 드래그하여 x 0 y -50 (으)로 이동하기 블록에 연결한 후 ▼[목록] 단추를 클릭한 다음 [ballerina-a]를 선택합니다.

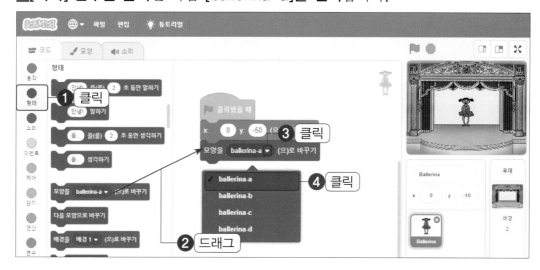

④ [이벤트] 팔레트의 [스페이스 키를 눌렀을 때] 블록을 스크립트 창으로 드래그한 후 [형태] 팔레트에서 [모양을 ballerina-a (으)로 바꾸기] 블록을 드래그하여 [스페이스 키를 눌렀을 때] 블록에 연결합니다. 그런다음 ▼[목록] 단추를 클릭한 후 [ballerina-b]를 선택합니다.

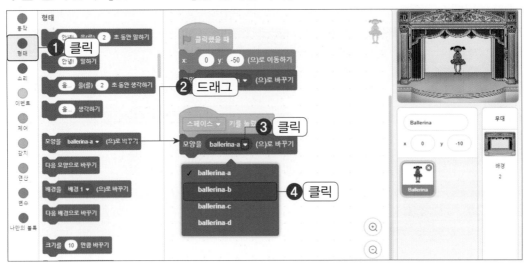

⑤ 같은 방법으로 [제어] 및 [동작], [형태] 팔레트의 블록을 스크립트 창으로 드래그하여 다음과 같이 블록을 연결한 후 모양 및 입력 값을 수정합니다.

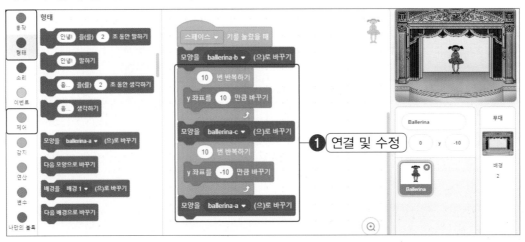

⑥ ▶[시작하기]를 클릭한 후 키보드의 스페이스바(SpaceBar)를 눌러 Ballerina가 점프를 하는지 확인합니다.

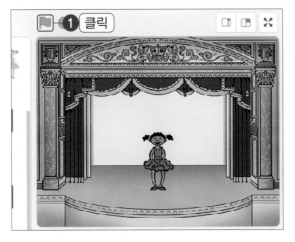
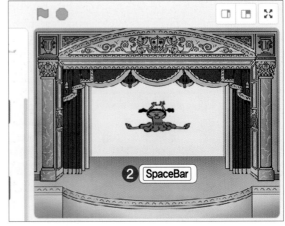

46 창의코딩놀이(2) · 스크래치 3.0

연습해 보세요

1️⃣ 스크래치 프로그램에서 [Chapter06] 폴더의 '프랭크.sb3' 파일을 열고 결과화면과 같이 실행 창을 완성한 후 실행해 보세요.

- Frank 스프라이트 : [시작하기]를 클릭하면 특정 위치로 이동한 후 키보드의 SpaceBar 를 누르면 Frank가 위쪽으로 특정 위치까지 올라갔다가 다시 내려가도록 블록을 코딩합니다.
- Frank-a ~ Frank-d 모양을 이용하여 키보드의 SpaceBar 를 누르면 Frank가 점프하는 모양으로 설정합니다.

2️⃣ 스크래치 프로그램에서 [Chapter06] 폴더의 '상어.sb3' 파일을 열고 결과화면과 같이 실행 창을 완성한 후 실행해 보세요.

- 상어 스프라이트 : [시작하기]를 클릭하면 계속해서 이동방향으로 5만큼씩 움직이면서 벽에 닿으면 튕깁니다. 키보드의 SpaceBar 를 누르면 상어가 물에서 튀어 올라왔다가 다시 내려가도록 블록을 코딩합니다.

제06장 · 좌표를 이용한 점프 만들기 **47**

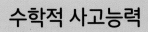

수학적 사고능력

좋아하는 스포츠 통계 조사하기~*

건모는 조별 과제물 숙제를 위해 반 아이들이 좋아하는 스포츠를 조사했습니다.
건모가 조사한 자료를 이용하여 통계를 만들어 보세요.

[건모가 조사한 자료]

이름	스포츠 종목	이름	스포츠 종목
안건모	축구	박예은	배구
조민성	배구	나영현	농구
염성빈	야구	백진우	축구
김우진	농구	임나예	배구
하동구	야구	유지원	축구
이시온	농구	최동화	축구

건모가 조사한 자료를 이용하여 통계표를 작성하였습니다. 빈 칸에 들어갈 내용을 채워 넣어 보세요.

스포츠 종목		인원 수
야구		명
배구		명
축구		명
농구		명

이동 발사대에서 로켓 발사하기

Chapter 07

코딩 놀이

오늘의 놀이
* 마우스의 특정 좌표를 따라 다니는 스프라이트를 만들어봅니다.
* 특정 스프라이트를 따라 다니는 스프라이트를 만들어봅니다.

완성

핵심놀이 마우스의 특정 좌표를 따라 다니는 스프라이트 만들기

`x 좌표를 0 (으)로 정하기` 블록에 `마우스의 x좌표` 블록을 끼워 넣어 `x 좌표를 마우스의 x좌표 (으)로 정하기`로 설정하면 마우스 포인터의 X좌표를 따라 스프라이트의 X좌표도 같은 위치로 이동할 수 있으며, `y 좌표를 0 (으)로 정하기` 블록에 `마우스의 y좌표` 블록을 끼워 넣어 `y 좌표를 마우스의 y좌표 (으)로 정하기`로 설정하면 마우스 포인터의 Y좌표를 따라 스프라이트의 Y좌표도 같은 위치로 이동할 수 있습니다.

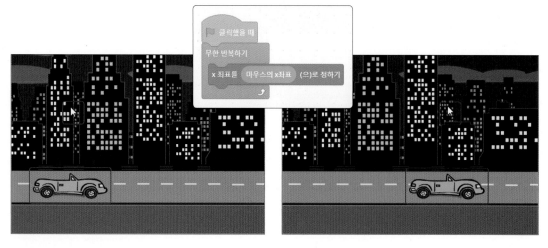

마우스의 특정 좌표를 이용한 이동식 발사대 만들기

1 [파일]-[컴퓨터에서 가져오기] 메뉴를 클릭한 후 [Chapter07] 폴더의 '이동식발사대.sb3' 파일을 불러옵니다. 그런다음 레이아웃을 변경합니다.

2 발사대 스프라이트의 [코드] 탭에서 [이벤트] 및 [제어], [동작] 팔레트의 **블록을 스크립트 창으로 드래그**하여 다음과 같이 **블록을 연결**합니다.

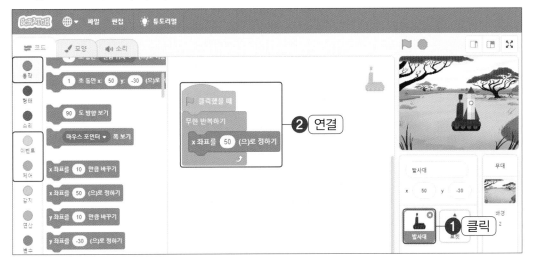

3 [감지] 팔레트의 `마우스의 x좌표` 블록을 드래그하여 `x좌표를 50 (으)로 정하기` 블록의 입력 값으로 드래그하여 끼워넣습니다.

 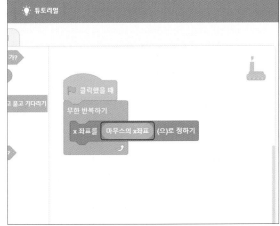

발사대를 따라 다니는 로켓 만들기

① 로켓 스프라이트의 [코드] 탭에서 [이벤트] 및 [형태], [동작], [제어], [감지] 팔레트의 **블록을 스크립트 창으로 드래그**하여 다음과 같이 **블록을 연결**합니다.

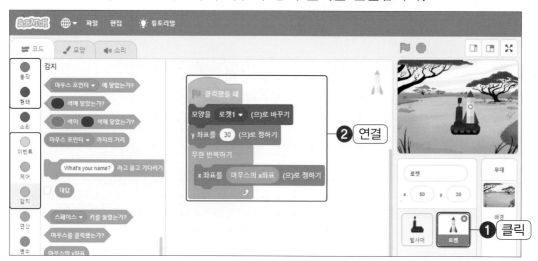

② [이벤트] 및 [형태], [제어], [동작] 등의 팔레트를 이용하여 **스페이스바(SpaceBar)를 눌렀을 때 로켓이 위로 발사되도록 블록을 연결**합니다.

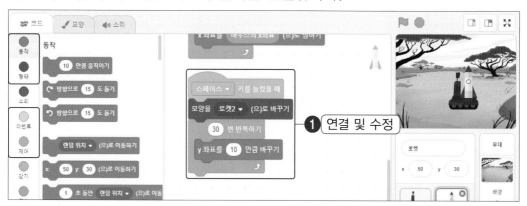

③ ▶[시작하기]를 클릭한 후 마우스를 움직여 발사대와 로켓이 마우스 포인터의 좌우 방향을 따라 같이 움직이는지 확인합니다. 그런다음 키보드의 스페이스바(SpaceBar)를 누르면 로켓이 발사되는지도 확인합니다.

1 스크래치 프로그램에서 [Chapter07] 폴더의 '석궁대회.sb3' 파일을 열고 결과화면과 같이 실행 창을 완성한 후 실행해 보세요.

- 석궁 스프라이트 : [시작하기]를 클릭하면 석궁 스프라이트가 마우스 포인터의 Y좌표를 따라 다니도록 코딩합니다.
- 화살 스프라이트 : [시작하기]를 클릭하면 화살 스프라이트의 X좌표 위치를 145로 정한 후 마우스 포인터의 Y좌표를 따라 다니도록 코딩합니다.
- 스페이스바(SpaceBar)를 클릭하면 화살 스프라이트가 오른쪽 석궁 위치에서 왼쪽 방향으로 이동합니다.

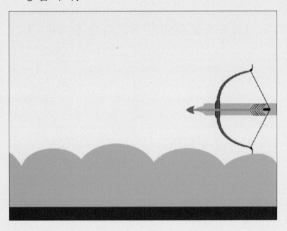
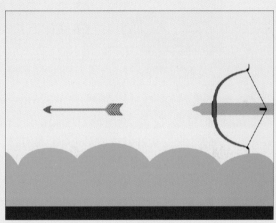

hint

화살 스프라이트의 X좌표를 145로 이동하는 이유는 [시작하기]를 클릭했을 때 화살을 처음 위치로 이동하기 위해서입니다.

종 합 활 동

1 다음 중 아래의 블록 코딩을 실행하여 스페이스바(SpaceBar)를 눌렀을 때의 설명으로 옳은 것은 무엇일까요?

❶ 해당 스프라이트가 왼쪽으로 이동했다가 다시 오른쪽으로 돌아 옵니다.

❷ 해당 스프라이트가 오른쪽으로 이동했다가 다시 왼쪽으로 돌아 옵니다.

❸ 해당 스프라이트가 위쪽으로 올라갔다가 다시 내려옵니다.

❹ 해당 스프라이트가 아래쪽으로 내려갔다가 다시 올라옵니다.

2 스크래치 프로그램에서 [Chapter08] 폴더의 '메뚜기.sb3' 파일을 열고 결과화면과 같이 실행 창을 완성해 보세요.

- 메뚜기 스프라이트에서 [시작하기]를 클릭하면 특정 위치(X: −100, Y: −100)로 이동한 후 무한 반복해서 10만큼씩 이동하면서 다음 모양으로 변경하며, 벽에 닿으면 튕기도록 블록 코딩으로 만들기
- 메뚜기 스프라이트의 회전방식을 왼쪽/오른쪽(▶◀) 방식으로 바꾸기
- 블록을 이용하여 이동 속도를 임의로 지정하기

3 스크래치 프로그램에서 [Chapter08] 폴더의 '야구.sb3' 파일을 열고 결과화면과 같이 실행 창을 완성한 후 실행해 보세요.
- Pitcher 스프라이트 : [시작하기]를 클릭하면 모양을 pitcher-a로 변경한 후 마우스 포인터를 따라 다니도록 코딩합니다.
- Baseball 스프라이트 : [시작하기]를 클릭하면 Baseball 스프라이트 모양이 숨겨지도록 코딩합니다.
- 스페이스바(**SpaceBar**)를 눌렀을 때 Pitcher, Baseball 스프라이트를 코딩합니다.
  - Pitcher : 다음 모양으로 바꾸고 0.2초 기다리기를 3번 반복한 후 1초 기다린 다음 모양을 pitcher-a로 변경합니다.
  - Baseball : 스프라이트를 보이고 1초 기다린 후 마우스 포인터로 이동합니다. x 좌표를 10만큼 바꾸기를 30번 반복합니다.

09

카드 놓기 게임~*

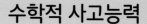

건모는 친구 성빈이와 카드 놓기 게임을 하고 있습니다. 3줄 3칸으로 놓여 있는 카드에 오른쪽 및 아래쪽에 카드를 추가하여 가로/세로 모두 짝수가 되도록 만드는 게임입니다. 놓여있는 카드를 보고 빈 공간에 놓일 카드를 완성해 보세요.

이렇게 하는 거예요!

※ 놓여있는 카드

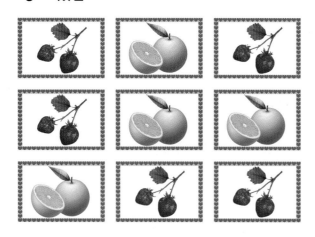

▶ 오른쪽 및 아래쪽에 카드를 추가하여 가로/세로 모두 같은 그림이 짝수가 되도록 만들어 보세요.

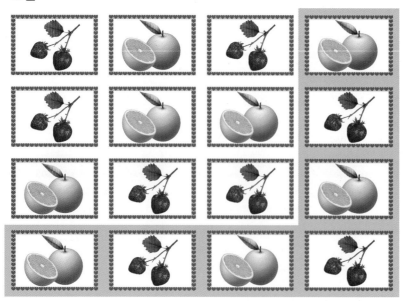

※ 놓여있는 카드

▶ 오른쪽 및 아래쪽에 카드를 추가하여 가로/세로 모두 같은 그림이 짝수가 되도록 만들어 보세요.

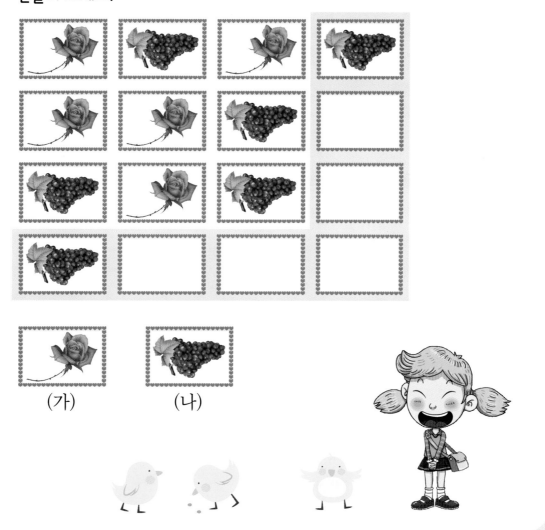

(가)   (나)

코딩놀이

불뿜는 용 만들기

Chapter
09

오늘의 놀이
* 스프라이트의 크기 변경 방법에 대해 알아봅니다.
* 반복하기 및 크기 변경 블록으로 스프라이트의 크기를 변경해봅니다.

완성

핵심놀이 스프라이트의 크기 변경에 사용하는 블록 알아보기

크기를 10 만큼 바꾸기 : 해당 스프라이트의 크기를 입력한 값(더하기/빼기)만큼 바꿉니다.

크기를 100 %로 정하기 : 해당 스프라이트의 크기를 입력한 값의 비율(%)에 해당하는 크기로 정합니다.

▲ **1**을 눌렀을 때 ◀ ▲ 기본 크기(100) ▶ ▲ **2**를 눌렀을 때 ▲ **3**을 눌렀을 때

Dragon 스프라이트의 모양 및 크기 변경하기

[파일]-[컴퓨터에서 가져오기] 메뉴를 클릭한 후 [Chapter09] 폴더의 '불뿜는용.sb3' 파일을 불러옵니다. 그런다음 [모양] 탭을 클릭한 후 모양을 확인합니다.

레이아웃을 변경한 후 [코드] 탭-[이벤트] 팔레트의 스페이스 키를 눌렀을 때 블록을 스크립트 창으로 드래그합니다.

3 [형태] 팔레트의 모양을 dragon-a (으)로 바꾸기 블록을 드래그하여 스페이스 키를 눌렀을 때 블록에 연결한 후 ▼[목록] 단추를 눌러 [dragon-c] 모양을 선택합니다.

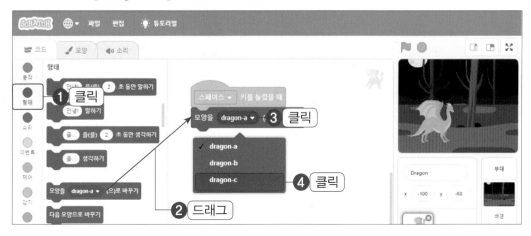

④ [제어] 팔레트의 [10 번 반복하기] 블록을 스크립트 창에 **연결**한 후 [형태] 팔레트에서 [크기를 10 만큼 바꾸기] 블록을 드래그하여 **끼워넣습니다.**

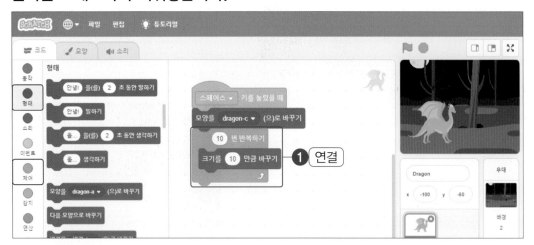

⑤ 같은 방법으로 다음과 같이 [제어] 팔레트의 [10 번 반복하기] 블록을 **연결**한 후 [형태] 팔레트의 [크기를 10 만큼 바꾸기] 블록을 안에 끼워 넣고 입력 값(-10)을 수정한 다음 [모양을 dragon-a ▼ (으)로 바꾸기] 블록을 **연결**하고 ▼[목록] 단추를 눌러 [dragon-a] 모양을 **선택**합니다.

⑥ 키보드의 스페이스바(SpaceBar)를 누르면 불뿜는 용 모양으로 크게 확대되었다가 다시 원래의 크기로 돌아온 다음 기본 모양으로 바뀌는지 확인합니다.

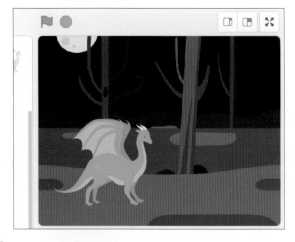

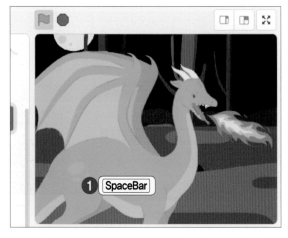

연습해 보세요

1 스크래치 프로그램에서 [Chapter09] 폴더의 '와이파이.sb3' 파일을 열고 결과화면과 같이 실행 창을 완성한 후 실행해 보세요.

- 와이파이 스프라이트 : 키보드의 스페이스바(SpaceBar)를 누르면 크기를 50만큼 크게 바꾸면서 와이파이 모양(와이파이2 ➡ 와이파이3)을 바꾸고 다시 크기를 (10%)에서 와이파이1 모양으로 되돌립니다.

SpaceBar를 눌렀을 때 실행 창의 상황

▼

▼

▼

▲ 와이파이 스프라이트의 모양 목록

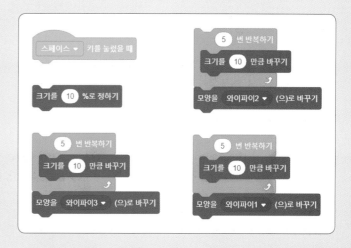

하음이의 옷차림 알아맞히기~*

항상 옷차림에 신경쓰는 하음이는 오늘도 마음에 드는 옷을 고르느라 거울 앞에서 떠날줄을 모릅니다. 잘 살펴보면 하음이가 옷을 갈아입을 때에도 나름 규칙이 있다는걸 알 수 있습니다.
다음 그림을 통해 규칙을 알아 보세요.

(월요일)   (화요일)   (수요일)

(목요일)   (금요일)   (토요일)

🍬 왼쪽 그림을 보고 아래 물음에 답해 보세요.

▶ 토요일에 하음이가 입을 상의를 찾아 동그라미로 표시해 보세요.

▶ 토요일에 하음이가 입을 치마를 찾아 동그라미로 표시해 보세요.

▶ 토요일에 하음이가 신을 신발을 찾아 동그라미로 표시해 보세요.

코딩놀이

공포영화 만들기

오늘의 놀이
- 스프라이트의 효과를 변경하는 방법에 대해 알아봅니다.
- 블록을 이용하여 스프라이트에 효과를 적용하는 방법을 알아봅니다.

완성

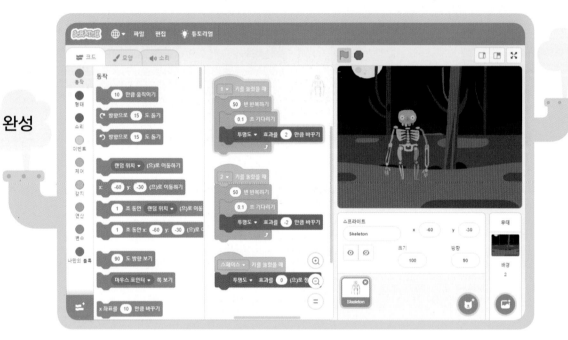

핵심놀이 효과 블록 사용하기

- 해당 스프라이트에 선택한 효과(색깔/어안 렌즈/소용돌이/픽셀화/모자이크/밝기/투명도)를 입력한 값(더하기/빼기)만큼 더하거나 빼줍니다.

- 해당 스프라이트에 선택한 효과(색깔/어안 렌즈/소용돌이/픽셀화/모자이크/밝기/투명도)를 입력한 값으로 정합니다.

Skeleton 스프라이트의 투명도 조정하기

① **[파일]–[컴퓨터에서 가져오기] 메뉴를 클릭**한 후 [Chapter10] 폴더의 '공포영화.sb3' 파일을 불러옵니다. 그런다음 레이아웃을 변경합니다.

② Skeleton 스프라이트의 [코드] 탭에서 [이벤트] 및 [제어] 팔레트의 **블록을 스크립트 창으로 드래그**하여 다음과 같이 **블록을 연결**합니다.

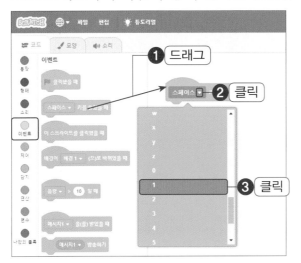

③ [형태] 팔레트의 블록을 스크립트 창으로 드래그하여 다음과 같이 **블록을 연결**한 후 **효과 및 입력 값(2)을 수정**합니다.

④ 스크립트 창의 블록 묶음을 복사하기 위해 가장 위쪽 블록에서 바로 가기 메뉴의 [복사하기]를 클릭한 후 붙여넣을 위치를 클릭합니다. 그런다음 블록을 수정합니다.

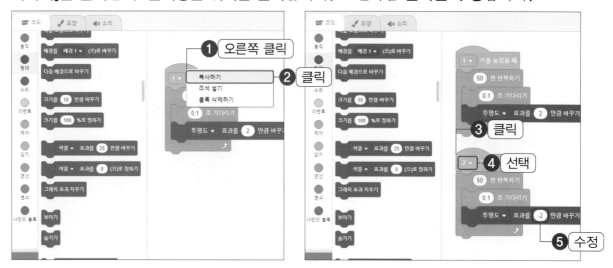

⑤ [이벤트] 및 [형태] 팔레트를 이용하여 스페이스바(SpaceBar)를 눌렀을 때 투명도 효과(0)를 정하도록 블록을 연결합니다.

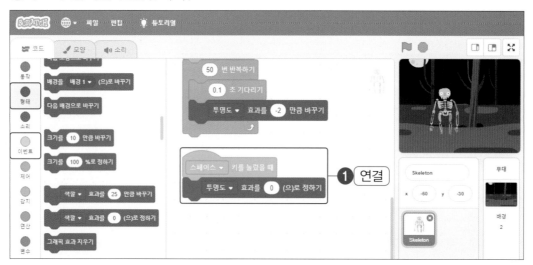

⑥ 키보드의 숫자 1과 2를 이용하여 Skeleton 스프라이트가 조금씩 투명하게 바뀌는것과 원래의 모양으로 조금씩 되돌아 오는지 확인합니다.
키보드의 스페이스바(SpaceBar)를 누르면 투명도 효과가 지정되지 않은 기본 모양으로 바뀌는지 확인합니다.

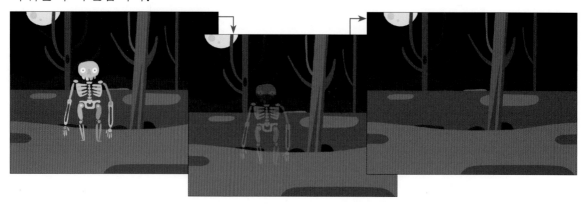

1 스크래치 프로그램에서 [Chapter10] 폴더의 '파티.sb3' 파일을 열고 결과화면과 같이 실행 창을 완성한 후 실행해 보세요.

- Gift1, Gift2, Balloon1~Balloon3 스프라이트 : 키보드의 스페이스바(SpaceBar)를 누르면 무한 반복해서 Gift와 Balloon 스프라이트의 색깔이 바뀌도록 설정합니다.

SpaceBar를 눌렀을 때 실행 창의 상황(계속 반복)

▲ 스프라이트 목록

▲ Gift1, Gift2 및 Balloon1 ~ Balloon3 스프라이트 블록 연결하기

Hint

동일한 블록 복사하여 사용하기

Gift 및 Balloon 스프라이트 등에서 동일한 블록이 사용되었을 경우 하나의 스프라이트에서 설정한 블록 코딩을 다른 스프라이트로 드래그하여 블록을 복사합니다.

제10장 · 공포영화 만들기 67

수학적 사고능력

끼리끼리 놀아요~*

🍬 맛있는 간식을 가지고 소풍을 떠나기 위해 준비하는 건모는 하나의 바구니에 3가지 종류의 케이크를 넣어 가려고 합니다. 그런데 바구니 안에는 서로 붙어 망가지지 않도록 3줄 3칸의 칸막이로 만들어 놓았는데 케이크들은 가로/세로 위치에 서로 같은 종류의 케이크가 들어가기를 싫어합니다.

아래의 그림을 보고 남은 케이크를 넣어 보세요.

이렇게 하는 거예요!

(가)   (나)   (다)

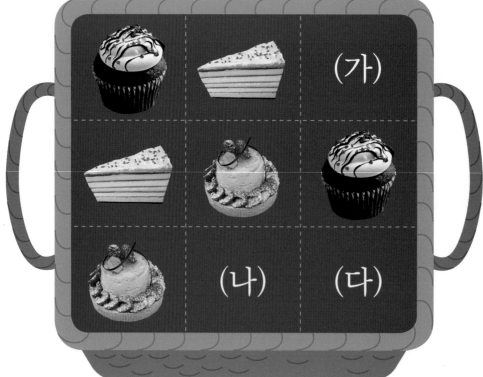

🍬 3줄 3칸의 칸막이로 만들어 놓은 바구니에 서로 같은 종류의 케이크가 들어가지 않도록 아래 그림을 보고 남은 케이크를 넣어 보세요.

(가)   (나)   (다)

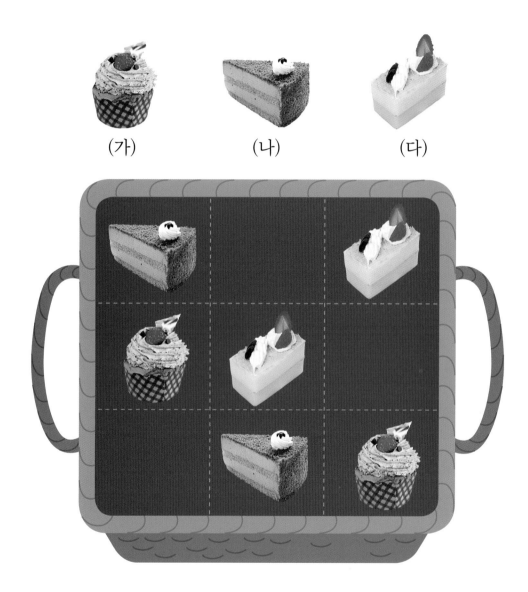

세계일주 여행하기

오늘의 놀이
❇ 스프라이트간의 이동에 사용하는 블록을 알아봅니다.
❇ 특정 스프라이트를 바라보며 이동하는 방법을 알아봅니다.

완성

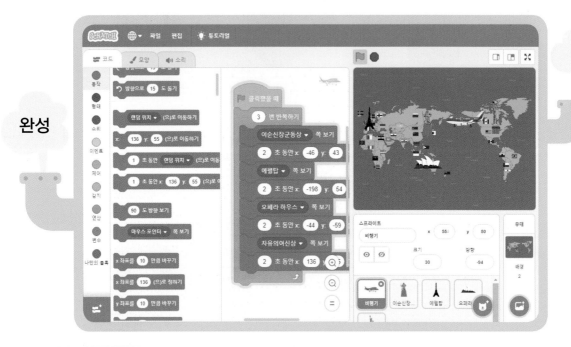

핵심놀이 **스프라이트간의 이동에 사용하는 블록 알아보기**

 : 해당 스프라이트가 다른 스프라이트 또는 마우스 포인터 쪽을 바라봅니다. 스프라이트의 이동방향이 선택된 항목을 향하도록 스프라이트의 방향을 회전해줍니다.

 : 스프라이트가 선택한 스프라이트 또는 마우스 포인터로 이동합니다. (스프라이트의 중심점이 기준이 됩니다.)

 : 스프라이트가 입력한 시간에 걸쳐 입력한 X, Y좌표로 이동합니다.

▲ 도넛 스프라이트에서 블록을 코딩하고 [시작하기]를 클릭했을 때

특정 스프라이트를 바라보며 이동하기

1 [파일]-[컴퓨터에서 가져오기] 메뉴를 클릭한 후 [Chapter11] 폴더의 '세계여행.sb3' 파일을 불러옵니다. 그런다음 레이아웃을 변경합니다.

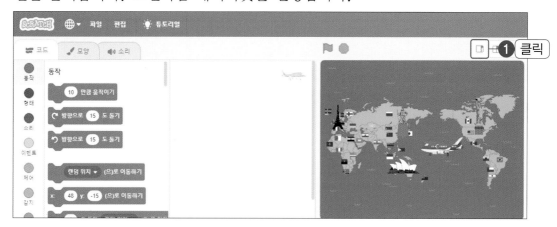

2 비행기 스프라이트의 [코드] 탭에서 [이벤트] 및 [제어] 팔레트의 **블록을 스크립트 창으로 드래그**하여 다음과 같이 **블록을 연결**한 후 **입력 값(3)을 수정**합니다.

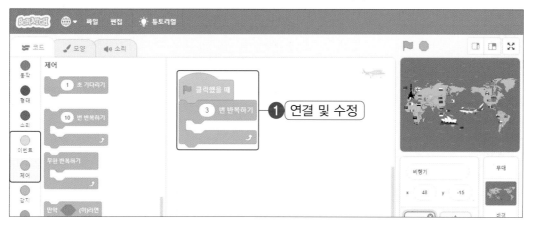

3 [동작] 팔레트의 [마우스 포인터 ▼ 쪽 보기] 블록을 드래그하여 [3 번 반복하기] 블록 안에 끼워 넣고 ▼[목록] 단추를 클릭한 후 [이순신장군동상]을 선택합니다.

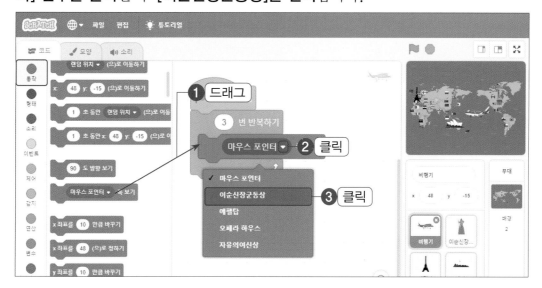

④ [동작] 팔레트의 [1 초 동안 x 48 y -15 (으)로 이동하기] 블록을 드래그하여 [3 번 반복하기] 블록 안에 끼워 넣고 **입력 값을 수정**합니다.

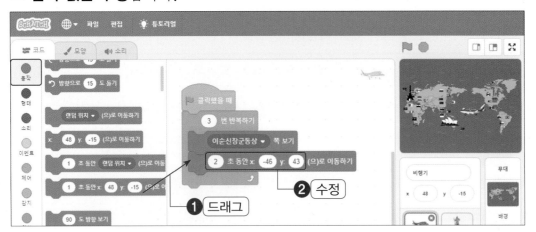

⑤ **블록을 복사**한 후 **목록을 선택**한 다음 **X, Y좌표의 입력 값을 각각 수정**합니다.

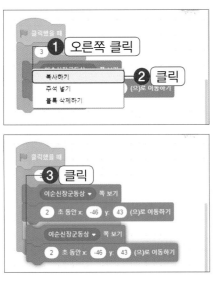

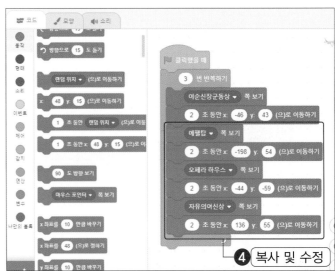

⑥ ▶[**시작하기**]를 **클릭**한 후 비행기가 이순신장군동상에서 에펠탑, 오페라하우스 등을 거쳐 자유의여신상 등으로 3번 반복하여 이동하는지 확인합니다.

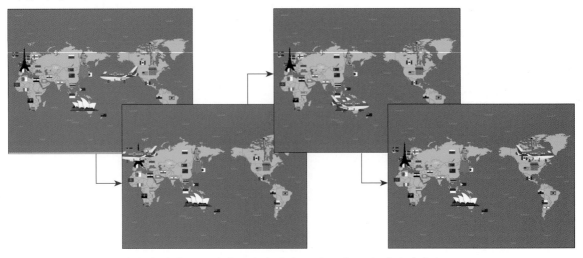

▲ 블록에 사용된 초 시간에 따라 스프라이트의 움직이는 이동 속도가 달라집니다.

연습해 보세요

1 스크래치 프로그램에서 [Chapter11] 폴더의 '과일가게.sb3' 파일을 열고 결과화면과 같이 실행 창을 완성한 후 실행해 보세요.
- 고양이 스프라이트 : [시작하기]를 클릭하면 출발 위치로 이동합니다. 그런다음 0.2초 기다린 후 다음 모양으로 바꾸기를 무한 반복합니다.
  키보드의 스페이스바(SpaceBar)를 누르면 빨간색길 방향으로 과일가게를 찾아가는 문제로 바나나, 오렌지, 사과 스프라이트 등의 순서로 이동하여 과일가게에 도착하면 "도착"을 4초 동안 말합니다.

SpaceBar 를 눌렀을 때 고양이의 과일가게 이동 상황

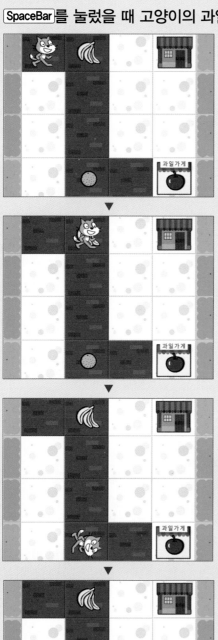

▲ 스프라이트의 목록

▲ 고양이 스프라이트의 블록 조립하기

12

창의놀이

절차적 사고능력

부모님을 위해 설거지 도와 드리기~*

건모는 부모님을 도와 저녁 식사 후 설거지를 하려고 합니다. 설거지를 위해서는 먼저 다 먹은 그릇에 물을 부어 불린 후 수세미에 세제를 묻혀 그릇을 문지르고 흐르는 물에 헹군 다음 그릇 건조대에 놓아 물기를 빼고 행주로 닦아 그릇이 있던 자리에 놓아야 합니다.

[보기]

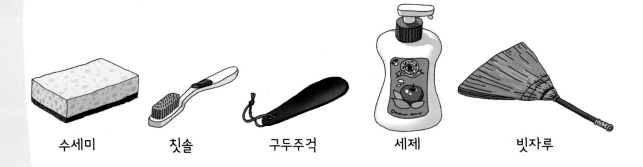

수세미   칫솔   구두주걱   세제   빗자루

▶ 보기의 그림 중에서 설거지 준비에 필요한 도구는 무엇이 있을까요?

❶ 빗자루   ❷ 칫솔   ❸ 구두주걱   ❹ 수세미

🍬 설거지의 진행 순서를 생각하여 아래 그림을 보고 빈칸에 진행 번호를 붙여 보세요.

▶ [그림1] 그릇을 거품낸 수세미로 문지른다.

▶ [그림2] 설거지할 그릇을 물에 불린다.

▶ [그림3] 흐르는 물에 그릇을 행군다.

▶ [그림4] 그릇을 건조대에 놓는다.

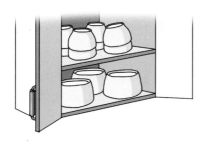

▶ [그림5] 행주로 그릇을 닦아 있던 자리에 놓는다.

▶ [그림6] 수세미에 세제를 묻힌다.

❶ [그림2] ❷ [   ] ❸ [그림1] ❹ [   ] ❺ [그림4] ❻ [그림5]

메뉴선택 게임 만들기

Chapter 12

오늘의 놀이
⚙ 난수에 대해 알아봅니다.
⚙ 난수 블록의 사용 방법을 알아봅니다.

완성

핵심놀이 난수를 만들 때 사용하는 블록 알아보기

난수란 순서나 규칙이 없는 임의의 수를 의미하며, 무작위수라고도 합니다.
[연산] 팔레트의 `1 부터 10 사이의 난수` 블록을 이용하며, 블록 안의 입력 값 중에 첫 번째 입력 값부터 두 번째 입력 값 사이의 난수를 표시할 때 사용합니다.
입력 값이 자연수(정수)로 지정할 경우 난수도 자연수(정수)로 표시하고, 입력 값이 소수일 경우 난수도 소수(소수 둘째자리까지)로 표시합니다.

▼ **참고 파일** : [Chapter12] 폴더의 '주사위.sb3'

🏳[시작하기]를 클릭하면 1~6 모양 중에서 임의의 모양이 표시됩니다.

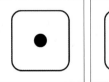

▲ 주사위 스프라이트의 모양 목록에서 왼쪽부터 모양 번호가 1~6으로 지정된 경우

시작할 때 메뉴 숨기고 마우스를 클릭할 때 표시하기

1 [파일]-[컴퓨터에서 가져오기] 메뉴를 클릭한 후 [Chapter12] 폴더의 '메뉴고르기.sb3' 파일을 불러온 다음 [모양] 탭에서 **모양을 확인**합니다.

2 메뉴 스프라이트의 [코드] 탭에서 [이벤트] 및 [형태] 팔레트의 **블록을 스크립트 창으로 드래그**하여 다음과 같이 **블록을 연결**합니다. 그런다음 레이아웃을 변경합니다.

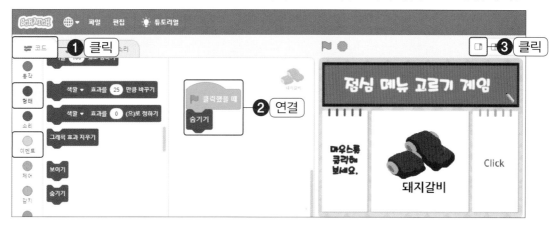

3 같은 방법으로 [이벤트] 및 [형태] 팔레트의 **블록을 스크립트 창으로 드래그**하여 다음과 같이 **블록을 연결**합니다.

임의의 메뉴 선택 만들기

1 [제어] 팔레트의 `10 번 반복하기` 블록을 `보이기` 블록에 연결한 후 [연산] 팔레트의 `1 부터 10 사이의 난수` 블록을 `10 번 반복하기` 블록 안에 끼워 넣은 다음 첫 번째 입력 값(1) 및 두 번째 입력 값(50)을 수정합니다.

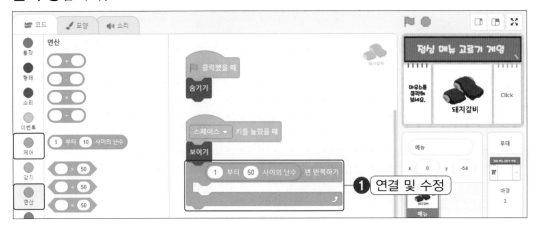

2 [제어] 팔레트의 `1 초 기다리기` 블록과 [형태] 팔레트의 `다음 모양으로 바꾸기` 블록을 드래그하여 `10 번 반복하기` 블록 안에 끼워 넣은 후 **입력 값(0.1)을 수정**합니다.

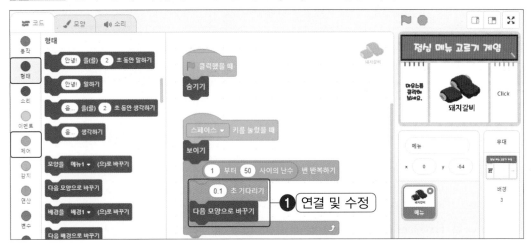

3 ▶[시작하기]를 **클릭**하면 메뉴가 숨겨지며 키보드의 스페이스바(SpaceBar)를 누르면 임의의 반복 횟수동안 메뉴가 반복하여 표시되다가 멈추는지 확인합니다.

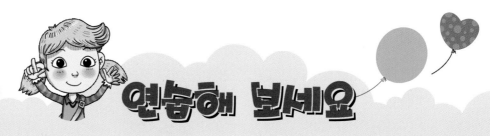

연습해 보세요

1 스크래치 프로그램에서 [Chapter12] 폴더의 '모자고르기.sb3' 파일을 열고 결과화면과 같이 실행 창을 완성한 후 실행해 보세요.

- 모자 스프라이트 : [시작하기]를 클릭했을 때 모자를 숨겼다가 키보드의 스페이스바(SpaceBar)를 누르면 모자 모양을 보이고 임의의 모자를 선택하여 표시합니다. 단, 모자 선택은 1~50까지의 난수 중에서 모양을 선택합니다.

SpaceBar 를 눌렀을 때 모자 스프라이트의 임의의 모자 선택

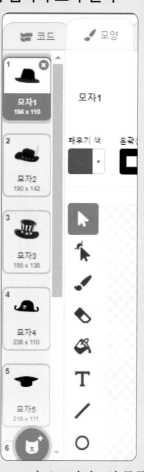

▲ 모자 스프라이트의 목록

▲ 모자 스프라이트의 블록 연결하기

13

창의놀이

피자 만들기~*

절차적 사고능력

건모는 이번 주말에 부모님과 함께 피자를 만들려고 합니다. 피자를 만들기 위해 재료를 준비하려고 하는데 냉장고에 아래 그림과 같이 피자 재료가 있네요. 도우에 피자소스를 바르고 다양한 재료의 토핑을 올린 다음 피자치즈를 덮어 오븐에 구워 맛있는 피자를 만들어 보겠습니다.

※ 피자 재료

| 도우 | 피자소스 | 감자 | 고구마 | 바비큐치킨 |

| 불고기 | 피자치즈 | 닭가슴살 | 칠리소스 | 햄 |

▶ 위의 피자 재료를 이용하여 만들 수 없는 피자 종류는 무엇입니까?

| 불고기 피자 | 고구마 피자 | 포테이토 피자 | 바비큐치킨 피자 | 씨푸드(해물) 피자 |

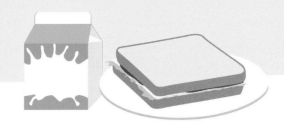

맛있는 피자를 만들기 위한 요리 순서를 생각하여 보기 그림을 통해 순서를 맞춰 보세요.

▶ [그림1] 다양한 종류의 토핑을 올린다.

▶ [그림2] 오븐에 넣어 굽는다.

▶ [그림3] 판에 피자 도우를 얹는다.

▶ [그림4] 피자치즈를 토핑위에 올린다.

▶ [그림5] 피자 도우에 피자 소스를 바른다.

▶ [그림6] 피자 조각으로 자른다.

| | → | [그림5] | → | |

→ | [그림4] | → | [그림2] | → | [그림6] |

코딩
놀이

축구 골키퍼 만들기

오늘의 놀이
⚙ 난수 및 좌표 블록을 이용한 스프라이트의 이동을 알아봅니다.
⚙ 특정 지역에서만 움직이는 스프라이트를 만들어봅니다.

완성

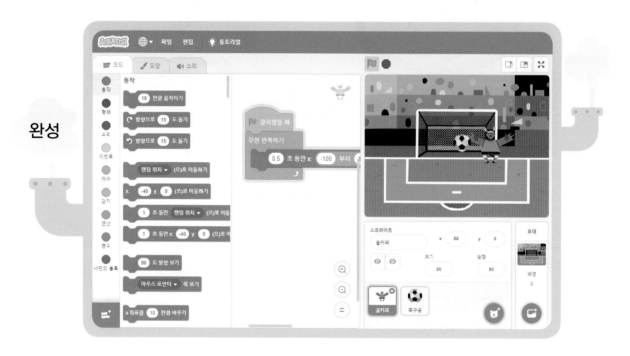

핵심놀이 **난수 및 좌표 블록을 이용하여 스프라이트 이동하기**

좌표를 이용한 블록의 X위치 및 Y위치 등에 1 부터 10 사이의 난수 블록을 사용, 입력
값을 이용하면 스프라이트가 난수 블록의 지정한 범위 안에서 자유롭게 이동
하도록 블록을 코딩할 수 있습니다.

▼ 참고 파일 : [Chapter13] 폴더의 '공움직이기.sb3'

스페이스바(SpaceBar)를 누를 때마다 공이
X좌표를 −100 ~ 100 사이의 위치로 이동
합니다.

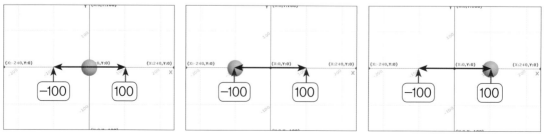

▲ 키보드의 스페이스바(SpaceBar)를 누를 때마다 공이 실행 창의 X좌표 위치(−100 ~ 100) 안에서 이동

난수를 이용한 골키퍼의 움직임 만들기

 [파일]-[컴퓨터에서 가져오기] 메뉴를 클릭한 후 [Chapter13] 폴더의 '골키퍼.sb3' 파일을 불러옵니다. 그런다음 레이아웃을 변경합니다.

 골키퍼 스프라이트의 [코드] 탭에서 [이벤트] 및 [제어], [동작] 팔레트의 **블록을 스크립트 창으로 드래그**하여 다음과 같이 **블록을 연결**한 후 **입력 값을 수정**합니다.

③ [연산] 팔레트의 `1 부터 10 사이의 난수` 블록을 `0.5 초 동안 x 0 y 0 (으)로 이동하기` 블록의 X: 위치에 드래그하여 끼워넣은 후 **입력 값(−100, 100)**을 수정합니다.

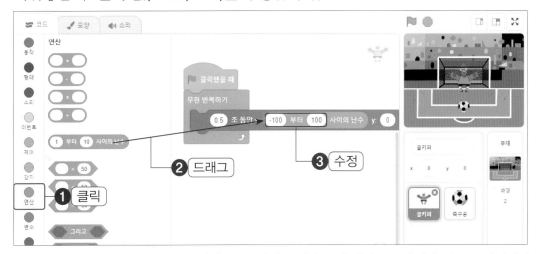

▲ [시작하기]를 클릭했을 때 골키퍼가 골대 앞에서 좌우로 움직이도록 설정한 블록 코딩입니다.

난수를 이용한 축구공의 움직임 만들기

① 축구공 스프라이트의 [코드] 탭에서 [이벤트] 및 [제어], [동작] 팔레트의 **블록**을 스크립트 **창으로 드래그**하여 다음과 같이 **블록을 연결**한 후 **입력 값을 수정**합니다.

② [연산] 팔레트의 ⟨ 1 부터 10 사이의 난수 ⟩ **블록**을 ⟨ 0.5 초 동안 x: 0 y: -100 (으)로 이동하기 ⟩ **블록의 X: 와 Y: 위치에 드래그**하여 **끼워넣은** 후 **입력 값을 수정**합니다.

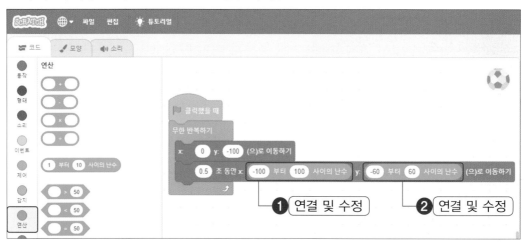

③ ▶[시작하기]를 클릭하면 골키퍼가 골대의 좌우 임의의 위치로 움직이고 축구공이 범위로 설정한 지역 안에서 임의로 이동하는지 확인합니다.

1 스크래치 프로그램에서 [Chapter13] 폴더의 '판타지.sb3' 파일을 열고 결과화면과 같이 실행 창을 완성한 후 실행해 보세요.

• Ghost / Bat 스프라이트 : [시작하기]를 클릭했을 때 임의의 시간(1~3초) 동안 X위치(−200 ~ 200), Y위치(−100 ~ 100) 안에서 자유롭게 이동하도록 블록을 코딩합니다.

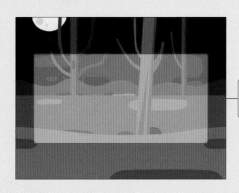

Ghost와 Bat 스프라이트의 이동 공간
X(−200 ~ 200), Y(−100 ~ 100)

[시작하기]를 눌렀을 때 Ghost와 Bat의 움직임

▼

▼

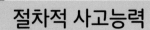

절차적 사고능력

신호등 원리 생각하기~*

🚗 자동차 도로 및 횡단보도에 표시된 신호등을 찾아 보세요.

▶ 자동차 도로의 신호등 색이 아닌것은?

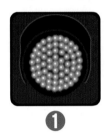   

❶   ❷   ❸   ❹

▶ 횡단보도의 표시등이 아닌것은?

❶   ❷   ❸

▶ 자동차 도로의 신호등이 초록불이 들어온 경우 횡단보도에 표시될 수 있는 표시등은 무엇입니까?

❶   ❷   ❸   ❹

▶ 횡단보도 표시등이 초록색 보행등이 표시된 경우 자동차 도로에 표시될 수 있는 신호등은 무엇입니까?

  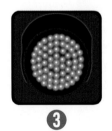 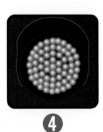

❶   ❷   ❸   ❹

🍬 횡단보도의 보행등이 자동차 도로의 초록색 등보다 오랫동안 표시될 경우 일어나는 현상으로 옳지 않은것은 무엇입니까?

❶ 횡단보도를 사람들이 이동할 수 있는 시간이 길어집니다.

❷ 자동차가 멈춰있는 시간이 짧아 자동차 이동이 편리합니다.

❸ 횡단보도를 이용하여 이동하는 인구가 많을 경우 편리한 방법입니다.

❹ 자동차 이동이 많지 않은 경우 가장 좋은 방법입니다.

🍬 횡단보도 신호등의 신호 방법을 만들려고 자동차가 이동하는 90초 동안 멈췄다가 횡단보도로 이동할 수 있도록 프로그램을 코딩할 때 빈 공간에 들어갈 블록으로 옳은 것은 무엇입니까?

Chapter 14

코딩놀이

자유롭게 움직이는 상어 만들기

오늘의 놀이
⚙ 이동 속도를 자유롭게 지정하는 방법에 대해 알아봅니다.
⚙ 방향을 자유롭게 지정하는 방법에 대해 알아봅니다.

완성

핵심놀이 난수로 이동 및 방향 회전 등을 자유롭게 설정하기

스프라이트에서 방향을 회전하거나 이동 방향으로 움직이는 블록의 경우 입력 값 부분에 1 부터 10 사이의 난수 블록을 사용하면 회전 및 이동을 난수 블록의 입력 값 범위 안에서 자유롭게 회전 및 이동할 수 있습니다.

▼ 참고 파일 : [Chapter14] 폴더의 '풍뎅이.sb3'

[시작하기]를 클릭하면 풍뎅이가 5~10 사이 임의의 속도로 움직이면서 −10 ~ 10 사이 임의의 방향으로 회전하며, 벽에 닿으면 튕깁니다.

상어 스프라이트의 모양 바꾸기

1 **[파일]–[컴퓨터에서 가져오기] 메뉴를 클릭**한 후 [Chapter14] 폴더의 '상어.sb3' 파일을 불러옵니다. 그런다음 레이아웃을 변경합니다.

2 상어 스프라이트의 [코드] 탭에서 [이벤트] 및 [제어] 팔레트의 **블록을 스크립트 창으로 드래그**하여 다음과 같이 **블록을 연결**한 후 **입력 값(0.1)을 수정**합니다.

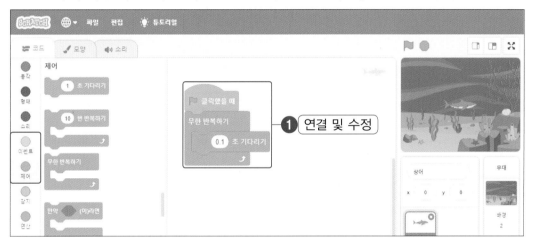

3 [형태] 팔레트의 다음 모양으로 바꾸기 블록을 드래그하여 무한 반복하기 블록 안에 끼워넣습니다.

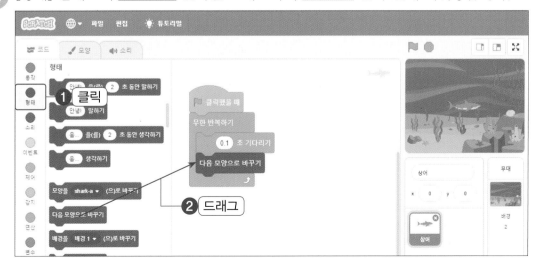

방향 및 이동의 난수 지정하기

① [동작] 팔레트의 `10 만큼 움직이기` 블록과 `벽에 닿으면 튕기기` 블록, `방향으로 15 도 돌기` 블록 등을 스크립트 창으로 드래그하여 다음과 같이 블록을 연결합니다.

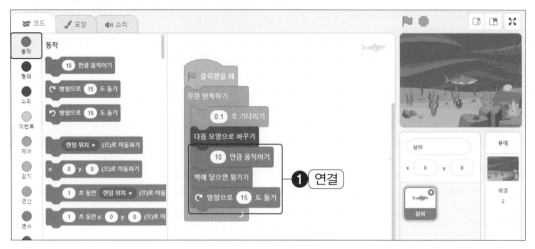

② [연산] 팔레트의 `1 부터 10 사이의 난수` 블록을 `10 만큼 움직이기` 블록과 `방향으로 15 도 돌기` 블록에 드래그하여 끼워넣은 후 입력 값을 수정합니다.

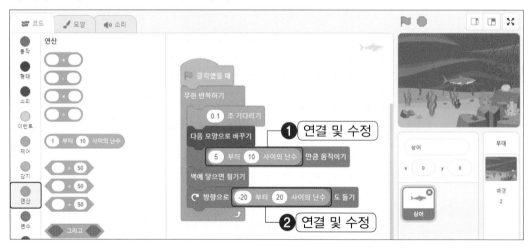

③ ⚑[시작하기]를 클릭하면 실행 창 안에서 상어가 자유롭게 이동하고 방향을 움직이며, 모양이 계속 바뀌는지 확인합니다.

연습해 보세요

1 스크래치 프로그램에서 [Chapter14] 폴더의 '생쥐.sb3' 파일을 열고 결과화면과 같이 실행 창을 완성한 후 실행해 보세요.

- 생쥐1 스프라이트 : [시작하기]를 클릭했을 때 0.1초 단위로 계속해서 모양이 바뀌며 2 ~10 사이의 속도로 움직이면서 벽에 닿으면 튕깁니다. 이때 방향을 -15 ~ 15 사이의 난수 만큼 회전하도록 프로그램을 코딩합니다.
- 생쥐1 스프라이트의 프로그램 코딩을 완성한 후 복사하여 생쥐2, 생쥐3 등의 스프라이트를 만들어 실행합니다.

[시작하기]를 클릭했을 때 생쥐1 ~ 생쥐3 스프라이트의 움직임

생쥐1 스프라이트의 프로그램 코딩을 완성한 후 복사하여 생쥐2, 생쥐3 스프라이트를 생성

용돈 사용 금액 그림으로 표시하기~*

🍬 건모는 매달 부모님이 주시는 20,000원의 용돈을 필요한 곳에 사용하고 남은 금액을 꼭 저금통에 넣어 왔습니다. 그런데 요즘 저금통에 저금하는 양이 많이 줄어든 것 같아 매달 사용 금액이 어떻게 되는지 기록하기로 하고 사용 금액을 적어 보았습니다. 그런데 언제 금액을 많이 사용한 것인지 잘 알아볼 수 없네요. 누구나 알아보기 쉽게 그림으로 표시하면 좋겠죠?

※ **건모의 월별 용돈 사용 금액**

누적된 저금통 금액 : 35,400원

5월달 사용 금액 : 13,000원

6월달 사용 금액 : 16,500원

7월달 사용 금액 : 17,600원

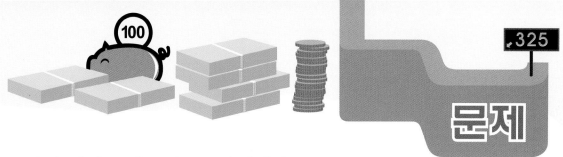

.325

문제

※ 5/6/7월달 금액 그림으로 나타내기

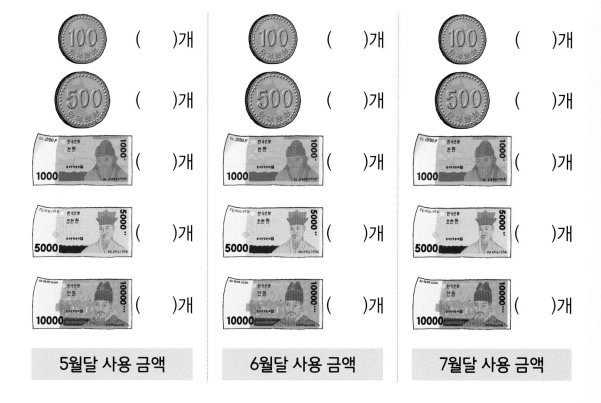

	5월달 사용 금액	6월달 사용 금액	7월달 사용 금액
100원	(　)개	(　)개	(　)개
500원	(　)개	(　)개	(　)개
1000원	(　)개	(　)개	(　)개
5000원	(　)개	(　)개	(　)개
10000원	(　)개	(　)개	(　)개

🍬 건모가 5월달 받은 용돈에서 사용 금액을 제외한 나머지 금액은 얼마일까요?

🍬 건모의 8월 저금통에 누적된 금액은 얼마일까요?

코딩놀이

크리스마스 캐롤
소리 연결하기

오늘의 놀이
✿ 소리 파일을 추가하는 방법에 대해 알아봅니다.
✿ 소리와 관련된 블록의 사용 방법을 알아봅니다.

완성

핵심놀이 소리 파일 재생하기

스크래치에 소리 추가하기

▲ [소리] 탭에서 🔊[소리 고르기]를 클릭한 후 🔍[소리 고르기]를 클릭하면 제공하는 소리 파일을 선택할 수 있고, 🔼[소리 업로드하기]를 클릭하면 컴퓨터에 저장된 소리 파일을 업로드하여 사용할 수 있습니다.

소리와 관련된 주요 블록 알아보기

`야옹 ▾ 재생하기` 선택한 소리를 재생하는 동시에 다음 블록을 실행합니다.

`야옹 ▾ 끝까지 재생하기` 선택한 소리를 재생하고 소리 재생이 끝나면 다음 블록을 실행합니다.

소리파일 업로드 및 연결하기

① [파일]–[컴퓨터에서 가져오기] 메뉴를 클릭한 후 [Chapter15] 폴더의 '크리스마스.sb3' 파일을 불러옵니다. 그런다음 블록을 확인합니다.

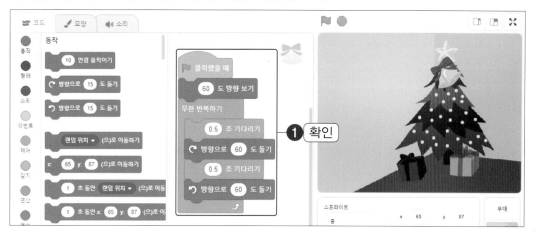

② 종 스프라이트의 [소리] 탭에서 [소리 고르기]–[소리 업로드하기]를 클릭합니다.

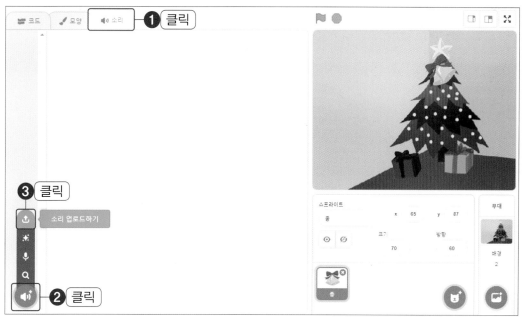

③ [열기] 대화상자가 나타나면 파일 위치(C:₩창의코딩놀이(2)스크래치3.0₩Chapter15)를 지정한 후 [캐롤1.mp3] 파일을 선택한 다음 [열기] 단추를 클릭합니다.

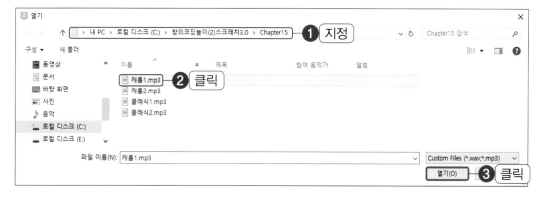

④ 다음과 같이 소리 파일이 업로드됩니다.

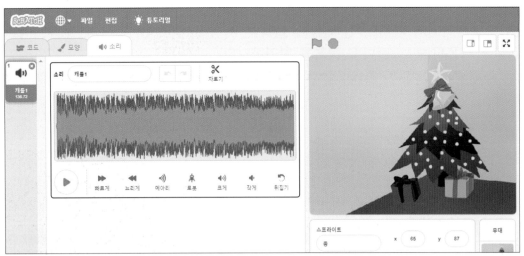

⑤ [코드] 탭에서 [소리] 팔레트의 [캐롤1▼ 재생하기] 블록을 [60 도 방향 보기] 블록 아래로 드래그하여 다음과 같이 **블록을 연결**합니다.

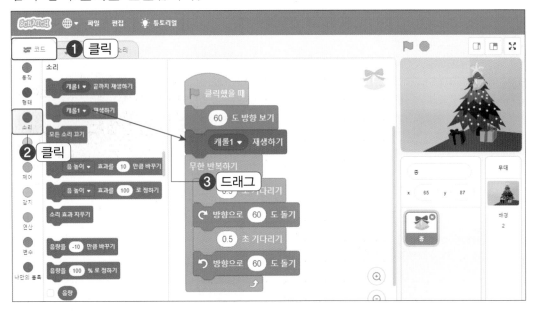

⑥ ▶[시작하기]를 클릭한 후 종의 움직임 및 캐롤 소리가 재생되는지 확인합니다.

연습해 보세요

1️⃣ 스크래치 프로그램에서 [Chapter15] 폴더의 '클래식.sb3' 파일을 열고 결과화면과 같이
실행 창을 완성한 후 실행해 보세요.
- 연주자 스프라이트 : [시작하기]를 클릭했을 때 0.5초 기다린 후 연주자의 모양이 다음 모양으로 무한 반복하여 바뀌도록 설정합니다.
- 연주 스프라이트 : [Chapter15] 폴더의 클래식1.mp3 파일을 업로드하여 소리 파일을 추가한 후 [시작하기]를 클릭했을 때 클래식 음악을 재생하면서 연주의 모양이 다음 모양으로 무한 반복하여 바뀌도록 설정합니다.

[시작하기]를 클릭했을 때 소리 재생 및 모양 변경

 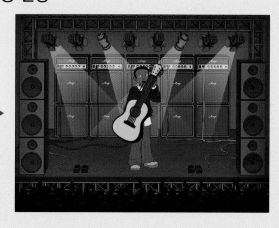

연주자

연주

1 다음 중 아래의 블록 코딩을 실행하여 스페이스바(SpaceBar)를 눌렀을 때의 고양이 스프라이트의 실행 결과로 옳은 것은 무엇일까요?

❶ 　❷ 　❸ 　❹

2 다음 중 아래의 블록 코딩을 실행하여 스페이스바(SpaceBar)를 눌렀을 때의 고양이 스프라이트의 실행 결과로 옳지 않은 것은 무엇일까요?

❶ 　❷ 　❸ 　❹

3 스페이스바(SpaceBar)를 눌렀을 때의 왼쪽 아래 앵무새가 오른쪽 위에 위치한 태양쪽을 바라보며 2초 동안 태양 위치(X: 160, Y: 120)로 이동하는 블록 코딩으로 옳은 것은 무엇일까요?

❶

❷

❸

❹

4 스크래치 프로그램에서 [Chapter16] 폴더의 '동물농장.sb3' 파일을 열고 결과화면과 같이 실행 창을 완성한 후 실행해 보세요.

- 부엉이 스프라이트 : 소리 추가([Chapter16] 폴더의 [부엉이]) 후 스프라이트를 클릭했을 때 부엉이 소리 재생과 함께 모양이 3번 반복하여 바뀌도록 설정합니다.
- 사자 스프라이트 : 소리 추가([Chapter16] 폴더의 [사자]) 후 스프라이트를 클릭했을 때 사자 소리 재생과 함께 모양이 3번 반복하여 바뀌도록 설정합니다.
- 닭 스프라이트 : 소리 추가([Chapter16] 폴더의 [닭]) 후 스프라이트를 클릭했을 때 닭 소리 재생과 함께 모양이 3번 반복하여 바뀌도록 설정합니다.
- 병아리 스프라이트 : 소리 추가([Chapter16] 폴더의 [병아리]) 후 스프라이트를 클릭했을 때 병아리 소리 재생과 함께 모양이 3번 반복하여 바뀌도록 설정합니다.
- 강아지 스프라이트 : 소리 추가([Chapter16] 폴더의 [강아지]) 후 스프라이트를 클릭했을 때 강아지 소리 재생과 함께 모양이 4번 반복하여 바뀌도록 설정합니다.
- 고양이 스프라이트 : 소리 추가([Chapter16] 폴더의 [고양이]) 후 스프라이트를 클릭했을 때 고양이 소리 재생과 함께 모양이 4번 반복하여 바뀌도록 설정합니다.

특정 동물 스프라이트를 클릭했을 때 소리 재생 및 움직임

▲ 부엉이 스프라이트의 코딩을 완성한 후 블록을 다른 스프라이트로 드래그하여 복사한 다음 사용하면 쉽게 완성할 수 있습니다.

창의놀이

맛있는 꼬치 요리 만들기~*

건모는 부모님과 야외로 캠핑을 나왔습니다. 기다란 바비큐 꼬치에 영양도 풍부한 재료들을 끼워 맛있는 꼬치 요리를 만들려고 합니다. 아빠는 육류의 고기와 야채가 순서대로 연결된 꼬치를 좋아하시고 엄마는 해산물과 과일이 순서대로 연결된 꼬치를 좋아하십니다. 하지만 저는 야채를 좋아하지 않아 과일과 고기를 가공한 식품이 순서대로 들어간 꼬치를 가장 좋아한답니다.

[캠핑장에 가져온 꼬치 재료]

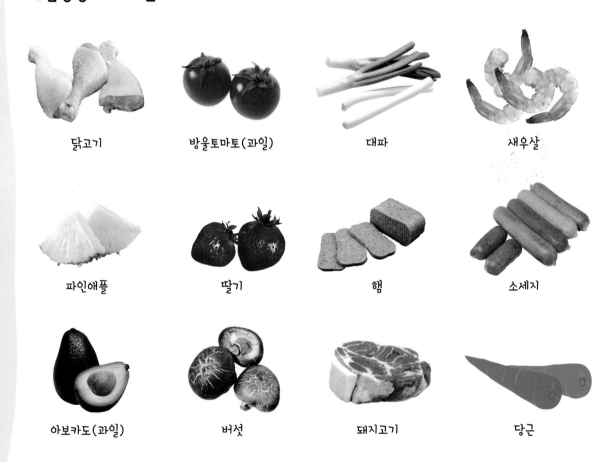

닭고기	방울토마토(과일)	대파	새우살
파인애플	딸기	햄	소세지
아보카도(과일)	버섯	돼지고기	당근

▶ 아빠가 좋아하는 꼬치 재료에 포함되지 않는 것은 무엇인가요?

(가) 대파 　　　(나) 당근 　　　(다) 새우살 　　　(라) 피망

▶ 엄마가 좋아하는 꼬치 재료에 포함되지 않는 것은 무엇인가요?

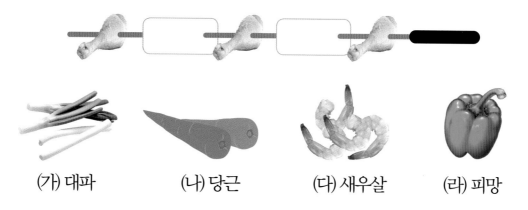

(가) 방울토마토 　　(나) 파인애플 　　(다) 소세지 　　(라) 아보카도

▶ 내가 좋아하는 꼬치 요리가 아닌 것은 무엇인가요?

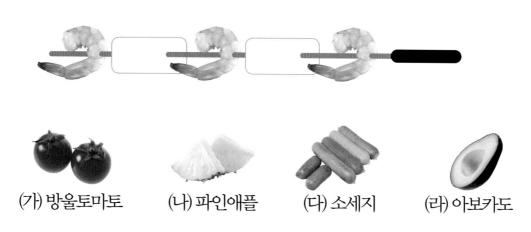

(가)

(나)

(다)

코딩놀이

조건선택 알아보기

Chapter **17**

오늘의 놀이
* 조건선택의 정의에 대해 알아봅니다.
* 조건선택의 사용 방법을 알아봅니다.

완성

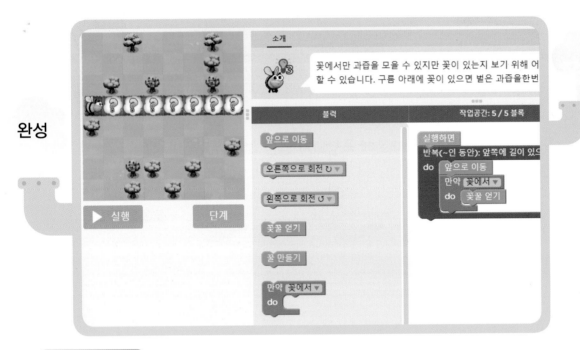

핵심놀이 조건선택 알고리즘

조건선택 알고리즘이란 반복구조와 같은 알고리즘을 만드는 원리 중 하나로, 제시된 상황이나 조건에 따라 다른 결과를 선택하게 되는 알고리즘 구조를 말합니다. 기본적으로 '만약, ~라면 ~이다'라는 형태로 표현할 수 있는데 예를 들어 집에서 학교로 등교할 때 밖의 상황에 따라 현관 앞에서 만약, 밖에 비가 온다면(조건), 우산을 챙겨 학교에간다.(선택1), 그냥 학교에간다(선택2) 등으로 만들 수 있을 것입니다.

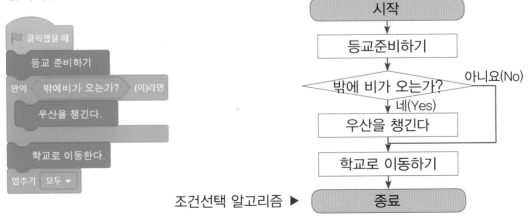

조건선택 알고리즘 ▶

조건선택 연습하기

① 인터넷에서 **주소(http://code.org)**를 입력하여 이동한 후 **[학생들]**을 클릭합니다.

② code.org 사이트의 학생들 화면으로 이동되면 **[과정D]**를 클릭합니다.

③ **[과정D]** 화면이 표시되면 **[벌 내 조건]**의 2단계를 클릭합니다.

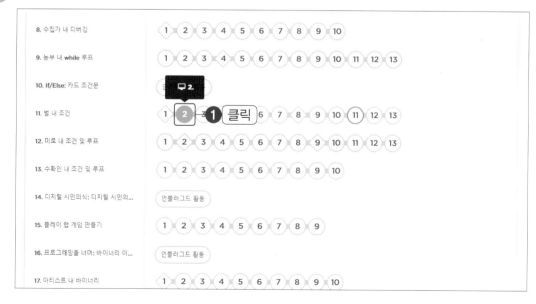

④ 보기 화면 및 블록 코딩 내용 그리고 소개 항목의 문제 내용을 참고하여 **정답(B)을 선택**한 후 **[실행] 단추를 클릭**합니다.

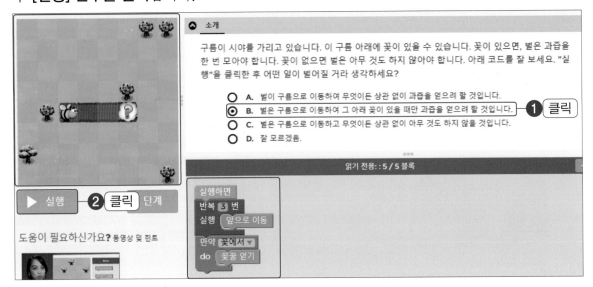

⑤ 1번 퍼즐이 해결되었다는 메시지가 표시되면 **[계속하기]를 클릭**합니다.

⑥ 같은 방법으로 2단계에서 13단계까지 조건선택 블록을 연습합니다.

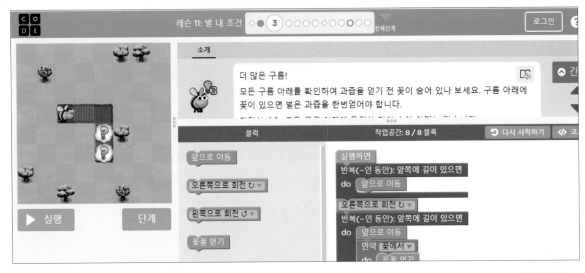

TIP

벌 내 조건 정답 확인하기

벌 내 조건 항목은 조건선택 블록의 연습단계로 [Chapter17] 폴더를 참고하면 정답 내용을 확인할 수 있습니다.

1 꿀벌이 꽃으로 이동하여 자주색 꽃에서 꿀을 얻을 때 꽃꿀의 양이 1이라면 꿀을 모으는 프로그램 코딩으로 옳은 것은 무엇입니까?

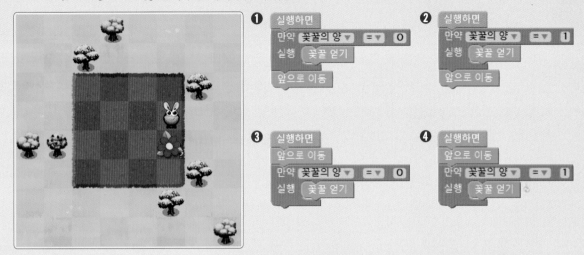

❶ 실행하면
　만약 꽃꿀의 양▼ =▼ 0
　실행 꽃꿀 얻기
　앞으로 이동

❷ 실행하면
　만약 꽃꿀의 양▼ =▼ 1
　실행 꽃꿀 얻기
　앞으로 이동

❸ 실행하면
　앞으로 이동
　만약 꽃꿀의 양▼ =▼ 0
　실행 꽃꿀 얻기

❹ 실행하면
　앞으로 이동
　만약 꽃꿀의 양▼ =▼ 1
　실행 꽃꿀 얻기

2 꿀벌이 꽃으로 이동하여 자주색 꽃에서 꿀을 얻을 때 꽃꿀의 양이 1이라면 꿀을 모으는 프로그램 코딩으로 옳은 것은 무엇입니까?

❶ 실행하면
　반복 2 번
　실행 앞으로 이동
　만약 꽃꿀의 양▼ =▼ 1
　실행 꽃꿀 얻기

❷ 실행하면
　반복 2 번
　실행 앞으로 이동
　　만약 꽃꿀의 양▼ =▼ 1
　　실행 꽃꿀 얻기

❸ 실행하면
　만약 꽃꿀의 양▼ =▼ 0
　실행 꽃꿀 얻기
　반복 2 번
　실행 앞으로 이동

❹ 실행하면
　반복 2 번
　실행 앞으로 이동
　　만약 꽃꿀의 양▼ =▼ 0
　　실행 꽃꿀 얻기

추상화

원통안에 담겨진 물건찾기~*

건모는 항상 정리를 잘해 부모님께 칭찬을 받습니다. 오늘도 가지고 놀던 장난감을 원통으로 된 정리 도구에 담아 정리를 하려고 하는데 먼저 빈통에 원목으로 된 자동차를 담고 그 다음으로 플라스틱 변신 로봇을 담았으며, 이후 토끼 인형을 담았다고 합니다. 마지막으로 남은 고무공을 담고 위쪽 통의 뚜껑을 닫아 두었습니다.

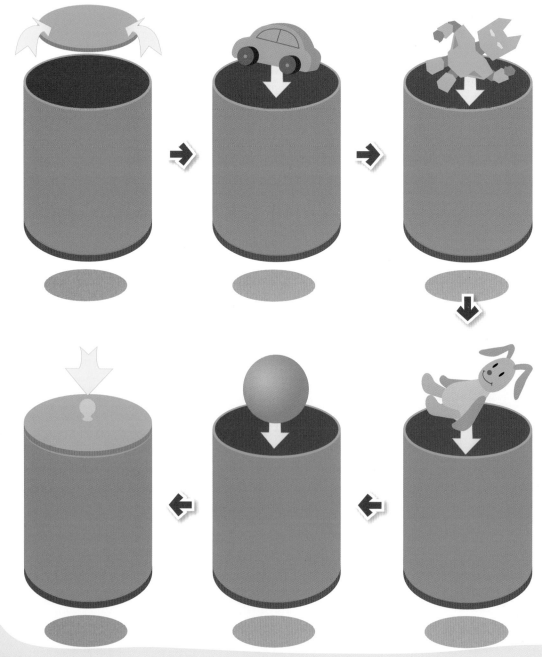

문제

🍬 건모가 정리한 원통은 뚜껑이 위쪽과 아래쪽 모두 열리는 정리 도구라고 합니다.

▶ 건모가 고무공을 꺼내기 가장 좋은 방법은 어떤 방법일까요?

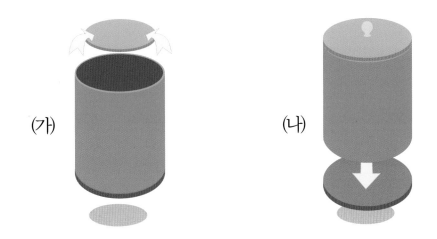

(가)   (나)

▶ 건모가 원목 자동차를 꺼내기 가장 좋은 방법은 어떤 방법일까요?

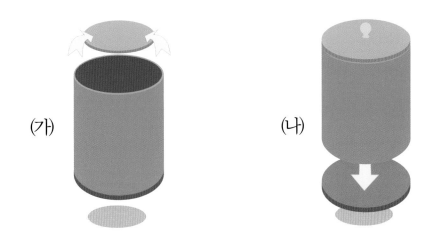

(가)   (나)

▶ 건모가 위쪽 뚜껑을 열었을 때 플라스틱 변신 로봇을 꺼내려면 위쪽에 위치한 물건을 몇 번 꺼내야 할까요?

코딩놀이

고궁의 야경 만들기

오늘의 놀이
* 조건선택 블록의 사용 방법에 대해 알아봅니다.
* 마우스를 클릭했을 때 조건의 사용법을 알아봅니다.

완성

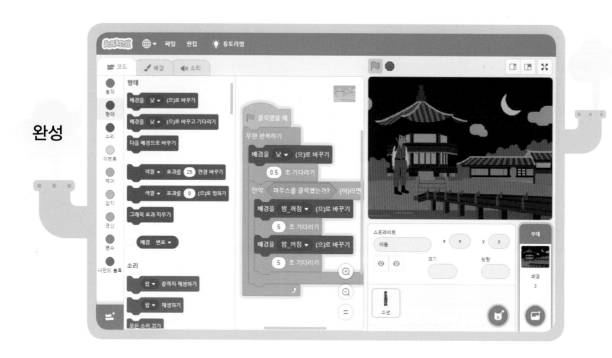

핵심놀이 **조건선택을 이용한 모양 변경하기**

조건선택의 경우 [제어] 팔레트에서 조건선택에 관련된 블록을 연결한 후 조건(⬡) 안에 [감지] 및 [연산] 팔레트에서 조건으로 사용할 블록을 끼워 넣어 만듭니다.

샘플예제 : [Chapter18] 폴더의 조건선택.sb3

처음 [시작하기]를 클릭했을 때 고양이 모양이 모양1 모양에서 만약, 마우스를 클릭했다면 고양이 모양을 모양2 모양으로 2초간 바꿉니다.

▲ [시작하기]를 클릭한 후 실행 창 안에서 마우스를 클릭했을 때 고양이 모양이 2초간 바뀝니다.

108 창의코딩놀이(2) · 스크래치 3.0

마우스를 클릭할 때 배경 바꾸기

① [파일]-[컴퓨터에서 가져오기] 메뉴를 클릭한 후 [Chapter18] 폴더의 '낮과밤.sb3' 파일을 불러옵니다. 그런다음 [무대]를 선택한 후 [배경] 탭을 클릭한 다음 배경을 확인합니다.

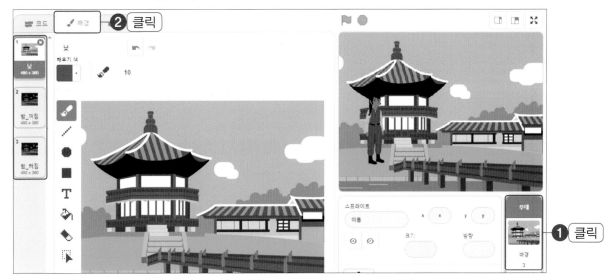

② 레이아웃을 변경한 후 [무대]의 [코드] 탭에서 [이벤트] 및 [제어], [형태] 팔레트의 블록을 스크립트 창으로 드래그하여 다음과 같이 블록을 연결한 다음 입력 값을 수정합니다.

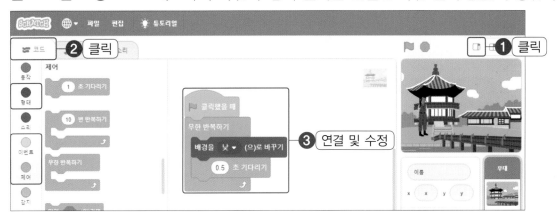

③ 조건을 만들기 위해 [제어] 팔레트에서 만약 ◇ (이)라면 블록을 드래그하여 무한 반복하기 블록 안쪽의 아래 부분에 끼워넣습니다.

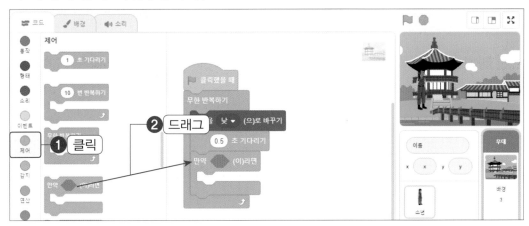

④ [감지] 팔레트의 마우스를 클릭했는가? 블록을 드래그하여 만약 (이)라면 블록의 조건 부분에 끼워 넣어 만약 마우스를 클릭했는가? (이)라면 블록으로 만듭니다.

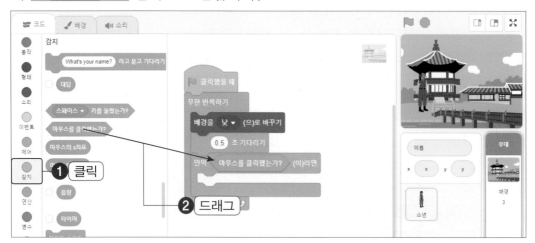

⑤ [형태] 및 [제어] 팔레트를 이용하여 밤의 꺼짐 배경으로 바뀐 다음 5초를 기다리고 밤의 켜짐 배경으로 바뀐 상태에서 5초간 기다리도록 **블록을 연결**합니다.

⑥ ▶[시작하기]를 클릭한 후 낮의 배경에서 실행 창 배경을 마우스로 클릭하면 어두운 밤으로 5초간 바뀐 후 불이 켜진 상태에서 또 다시 5초를 기다린 다음 다시 낮으로 바뀝니다.

연습해 보세요

1 다음 중 아래 보기의 블록 묶음에 대한 설명으로 옳은 것은 무엇일까요?

❶ 실행 창에 '마우스를 클릭했는가?' 내용을 10만큼 움직이고 마우스를 클릭하면 −10만큼 움직입니다.

❷ 만약, 마우스를 클릭했다면 −10만큼 움직이고 그렇지 않으면 10만큼 움직입니다.

❸ 만약, 마우스를 클릭했다면 10만큼 움직이고 그렇지 않으면 −10만큼 움직입니다.

❹ 실행 창에 '마우스를 클릭했는가?' 내용을 10만큼 움직이고 끝나면 −10만큼 움직입니다.

2 스크래치 프로그램에서 [Chapter18] 폴더의 '길찾기.sb3' 파일을 열고 결과화면과 같이 실행 창를 완성한 후 실행해 보세요.

• 무대 : [시작하기]를 클릭했을 때 실행 창의 배경을 미로1 모양으로 표시합니다. 만약, 실행 창의 배경을 클릭했을 경우 미로2 모양을 배경으로 2초간 바꾸었다가 다시 원래의 미로1 모양을 배경으로 표시합니다.

[시작하기]를 클릭한 후 실행 창 배경을 클릭했을 때의 상황

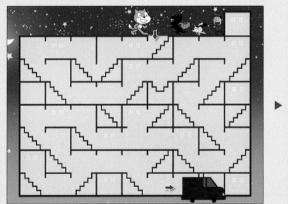 ▶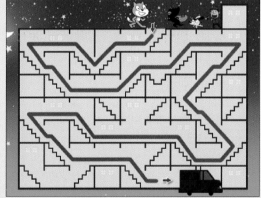

▲ 실행 창의 배경을 클릭했을 경우 배경으로 미로2 모양을 2초간 표시한 후 다시 원래의 미로1 배경으로 다시 표시합니다.

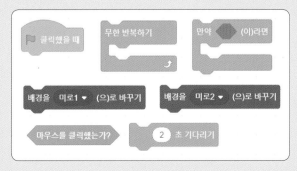

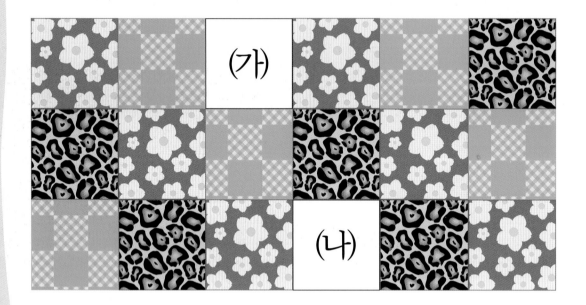

규칙 찾아내기~*

패턴화

아래 패턴 규칙을 보고 (가)와 (나)에 들어갈 무늬를 맞춰 보세요.

▶ (가)에 들어갈 수 있는 패턴은 무엇입니까?

(1)　　　　　　(2)　　　　　　(3)

▶ (나)에 들어갈 수 있는 패턴은 무엇입니까?

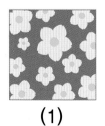 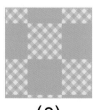 

(1)　　　　　　(2)　　　　　　(3)

아래 패턴 규칙을 보고 (가)와 (나)에 들어갈 무늬를 맞춰 보세요.

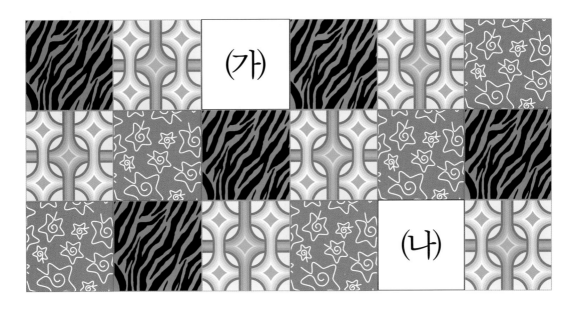

▶ (가)에 들어갈 수 있는 패턴은 무엇입니까?

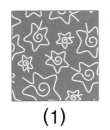  

(1) (2) (3)

▶ (나)에 들어갈 수 있는 패턴은 무엇입니까?

(1) (2) (3)

조건에 따른 무당벌레 멈추기

오늘의 놀이
- ✿ 조건선택 블록의 사용 방법에 대해 알아봅니다.
- ✿ 특정 스프라이트에 닿았을 경우 조건의 사용법을 알아봅니다.

완성

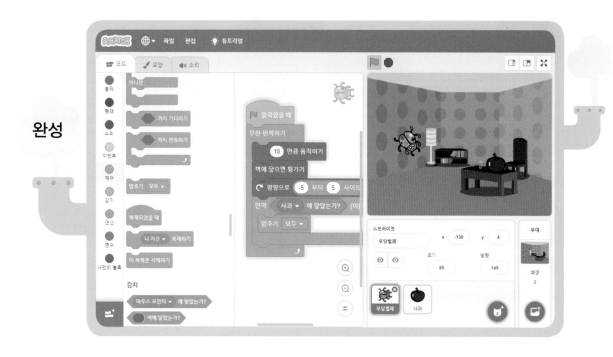

핵심놀이 **특정 스프라이트에 닿았을 때의 조건 만들기**

조건선택의 경우 [제어] 팔레트에서 조건선택에 관련된 블록을 연결한 후 조건 (●) 안에 [감지] 및 [연산] 팔레트에서 조건으로 사용할 블록을 끼워 넣어 만듭니다.

특정 스프라이트에 닿았을 경우의 조건을 만들기 위해서는 [제어] 팔레트의 만약 ● (이)라면 블록의 조건(●)에 [감지] 및 [연산] 팔레트의 마우스 포인터 ▼ 에 닿았는가? 블록을 끼워 넣은 후 목록 단추(▼)를 눌러 원하는 스프라이트를 선택하여 만들 수 있습니다.

◀ 스프라이트 목록에 포함된 스프라이트의 이름 및 마우스 포인터와 벽 메뉴가 목록으로 표시됩니다.

사과에 닿았을 때 무당벌레 멈춤 만들기

1 **[파일]-[컴퓨터에서 가져오기] 메뉴를 클릭**한 후 [Chapter19] 폴더의 '벌레.sb3' 파일을 불러옵니다. 그런다음 레이아웃을 변경합니다.

2 무당벌레 스프라이트의 [코드] 탭에서 [이벤트] 및 [제어], [동작] 팔레트의 **블록을 스크립트 창으로 드래그**하여 다음과 같이 **블록을 연결**합니다.

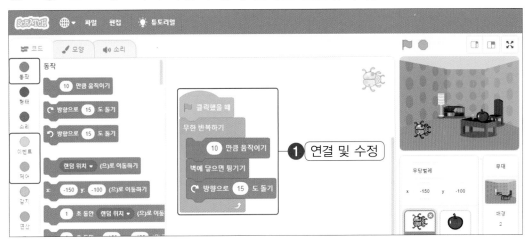

3 [연산] 팔레트에서 `1 부터 10 사이의 난수` 블록을 드래그하여 `방향으로 15 도 돌기` 블록의 입력 값 안에 끼워 넣고 `1 부터 10 사이의 난수` 블록의 입력 값(-5, 5)을 수정합니다.

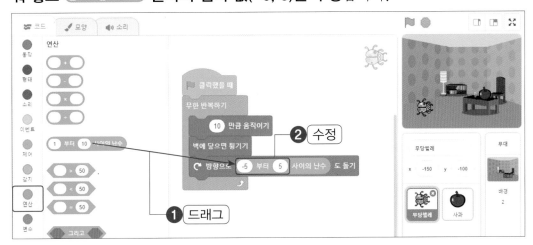

④ [제어] 팔레트의 만약 ◆ (이)라면 블록을 드래그하여 스크립트 창의 무한 반복하기 블록 안에 연결한 후 [감지] 팔레트의 마우스 포인터 ▾ 에 닿았는가? 블록을 조건(◆)에 끼워 넣은 다음 ▾[목록] 단추를 눌러 [사과]를 선택, 만약 사과 ▾ 에 닿았는가? (이)라면 블록으로 수정합니다.

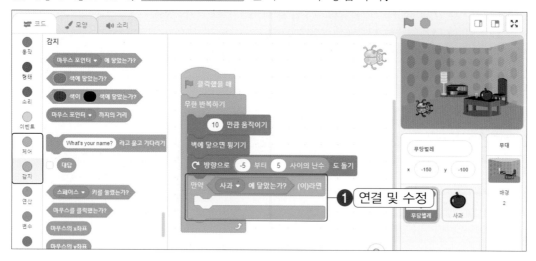

⑤ [제어] 팔레트의 멈추기 모두 ▾ 블록을 만약 사과 ▾ 에 닿았는가? (이)라면 블록 안에 끼워넣어 사과에 닿았을 경우 모든 프로그램 코딩이 멈추도록 연결합니다.

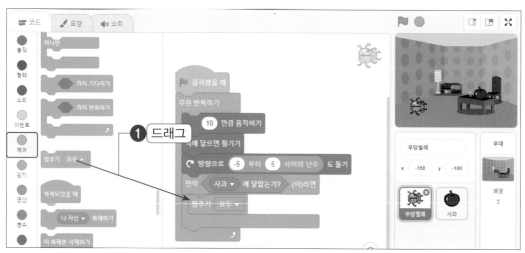

⑥ ▶[시작하기]를 클릭하면 무당벌레가 자유롭게 움직이며 만약, 사과에 닿았을 경우 프로그램 코딩이 멈추는 것을 확인할 수 있습니다.

1 스크래치 프로그램에서 [Chapter19] 폴더의 '미로통과.sb3' 파일을 열고 결과화면과 같이 실행 창을 완성한 후 실행해 보세요.

- 공 스프라이트 : [시작하기]를 클릭했을 때 무한 반복하여 마우스 포인터쪽을 바라보며 이동 방향으로 2만큼씩 움직입니다. 공이 만약, 미로에 닿았을 경우 처음 시작 위치로 다시 이동하고 깃발 스프라이트에 닿았을 경우 모든 프로그램 코드를 멈추도록 설정합니다.

[시작하기]를 클릭했을 때 공 스프라이트의 움직임에 따른 상황

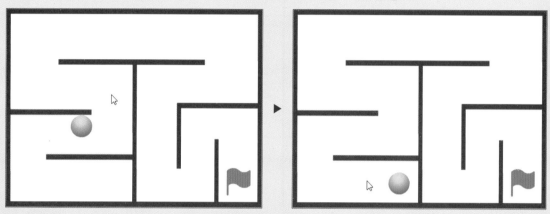

▲ 마우스포인터를 따라다니는 공이 미로에 닿았을 경우 다시 처음 위치로 이동합니다.

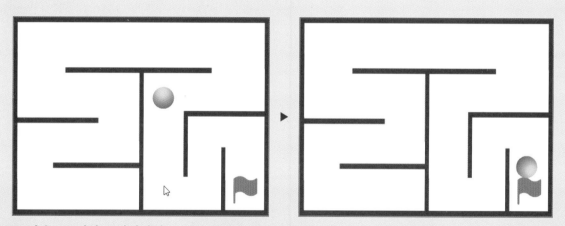

▲ 마우스포인터를 따라다니는 공이 깃발에 닿았을 경우 프로그램 코딩을 모두 멈춥니다.

▲ x: -40 y: -135 (으)로 이동하기 블록은 공의 처음 위치를 나타내며,
멈추기 모두 ▼ 블록은 모든 코드를 멈추게하여 게임을 종료합니다.

20 숫자 패턴 만들기~*

🍬 아래쪽 보기의 그림에서 규칙을 발견하고 (가)와 (나)에 들어갈 그림을 맞춰 보세요.

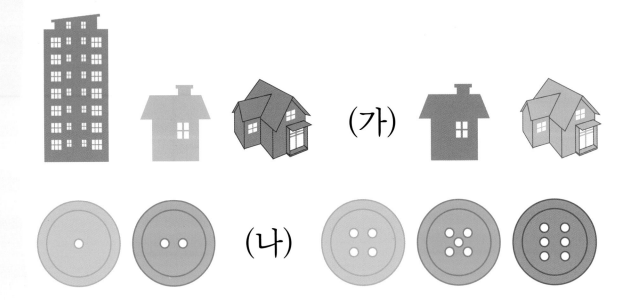

▶ (가)에 들어갈 그림은 무엇입니까?

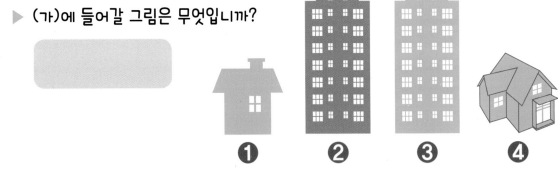

▶ (나)에 들어갈 그림은 무엇입니까?

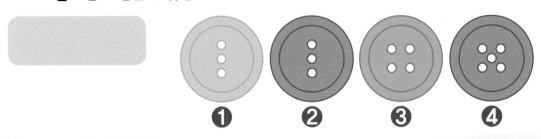

아래쪽 보기의 그림에서 규칙을 발견하고 (가)와 (나)에 들어갈 숫자를 맞춰 보세요.

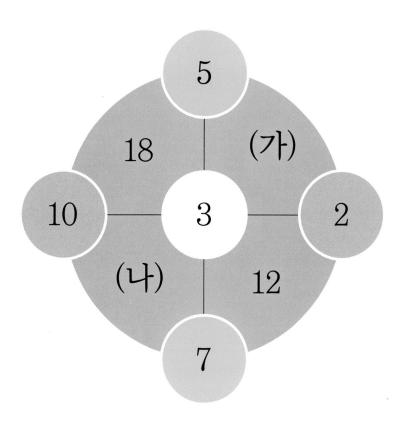

▶ (가)에 들어갈 숫자는 무엇입니까?

▶ (나)에 들어갈 숫자는 무엇입니까?

코딩놀이

메시지를 이용한 자동차 멈춤 만들기

Chapter 20

오늘의 놀이
✿ 메시지 기능에 대해 알아봅니다.
✿ 메시지를 이용한 블록의 사용법에 대해 알아봅니다.

완성

핵심놀이 메시지 기능 살펴보기

메시지란 하나의 스프라이트를 다른 스프라이트와 서로 연결하여 상호 작용할 수 있도록 도와주는 역할을 합니다. 예를들어 게임기에서 방향키를 누르면 게임에 나오는 스프라이트가 해당 방향으로 움직이도록 도와주는 명령을 의미합니다.

메시지 생성은 [코드] 탭-[이벤트] 팔레트의
메시지1▼ 방송하기 블록을 삽입한 후 ▼[목록] 단추를
클릭한 다음 [새로운 메시지]를 클릭합니다.
[새로운 메시지] 대화상자가 나타나면 메시지
이름을 입력한 후 [확인] 단추를 클릭합니다.

멈춤 메시지 만든 후 버튼에서 멈춤 메시지 보내기

 [파일]–[컴퓨터에서 가져오기] 메뉴를 클릭한 후 [Chapter19] 폴더의 '신호.sb3' 파일을 불러옵니다. 그런다음 레이아웃을 변경합니다.

TIP

트럭 스프라이트의 블록 설명

[시작하기]를 클릭했을 때 무한 반복하여 이동 방향으로 10만큼씩 이동, 벽에 닿으면 튕기도록 설정하여 실행 창 화면 안에서 트럭이 좌우로 이동하도록 설정한 코딩입니다.

② 버튼 스프라이트의 [코드] 탭에서 [이벤트] 팔레트의 `이 스프라이트를 클릭했을 때` 블록과 `메시지1 ▼ 방송하기` 블록을 **연결**한 후 ▼**[목록]** 단추를 눌러 **[새로운 메시지]**를 클릭합니다.

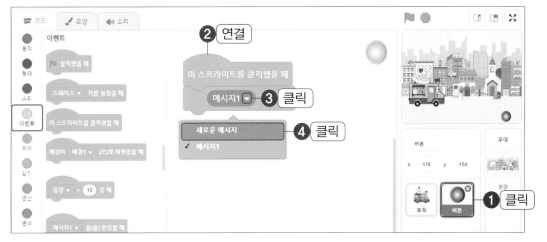

③ **[새로운 메시지]** 대화상자가 나타나면 **메시지 이름(멈춤)을 입력**한 후 **[확인]** 단추를 클릭합니다.

트럭에서 멈춤 메시지를 받았을 때 상황 만들기

1️⃣ 트럭 스프라이트의 [코드] 탭에서 [이벤트] 팔레트의 멈춤▼을(를)받았을때 블록을 드래그합니다.

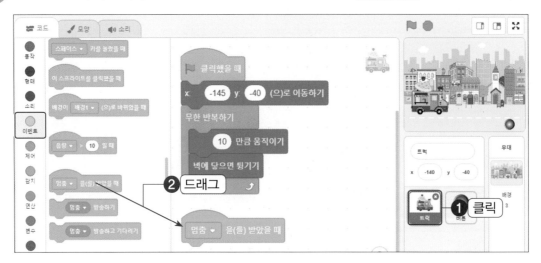

2️⃣ [제어] 팔레트의 멈추기 모두 블록을 드래그하여 스크립트 창의 멈춤▼을(를)받았을때 블록에 연결합니다.

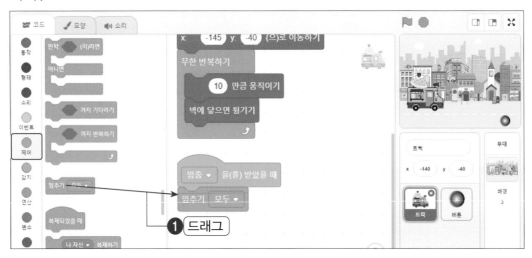

3️⃣ 🚩[시작하기]를 클릭하면 좌우로 트럭이 움직이고 버튼을 클릭하면 트럭이 멈추는지 확인합니다.

1 스크래치 프로그램에서 [Chapter20] 폴더의 '리모콘.sb3' 파일을 열고 결과화면과 같이 실행 창를 완성한 후 실행해 보세요.

• 새로운 메시지 : 리모콘작동 메시지로 생성합니다.
• 리모콘 스프라이트 : 스프라이트를 클릭했을 때 리모콘작동 메시지를 보냅니다.
• TV 스프라이트 : 리모콘작동 메시지를 받았을 때 TV 모니터 모양이 꺼진 상태에서는 켜진 상태로, 켜진 상태에서는 꺼진 상태로 바꾸어 표시합니다.

[리모콘작동 ▾ 방송하기]   ◀ 리모콘작동 메시지로 생성합니다.

[시작하기]를 클릭한 후 리모콘 스프라이트를 클릭했을 때의 상황

 ▶

▲ TV 화면이 꺼진 상태에서 리모콘을 클릭하면 TV 화면이 켜집니다.

 ▶

▲ TV 화면이 켜진 상태에서 리모콘을 클릭하면 TV 화면이 꺼집니다.

21

순차 알고리즘

침입자를 막아라~*

살기좋은 개미마을에 물건을 빼앗아 가는 베짱이들이 침입했다고 합니다. 빨리 무기를 가지고 침입을 못하도록 막아야 하는데 베짱이들이 워낙 힘이세서 창과 방패, 투구를 써야 안전하게 싸울 수 있다고 합니다. 개미 친구들이 무기방에서 빨리 무기를 찾아 베짱이들이 침입하지 못하도록 막을 수 있도록 해야겠네요~^^

무기방에 들어가 개미가 창과 방패, 투구를 갖추고 개미집을 방어할 수 있도록하기 위해 그림의 빈 칸 방에 들어갈 명령을 넣어 주세요.

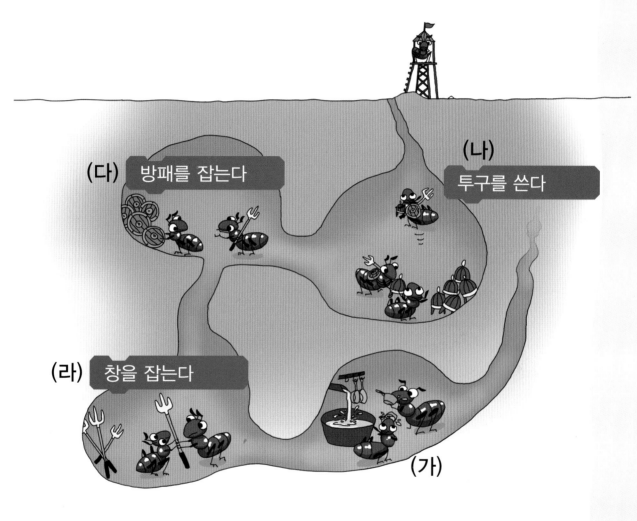

(다) 방패를 잡는다

(나) 투구를 쓴다

(라) 창을 잡는다

(가)

▶ (가) 위치의 개미가 개미집을 빠져 나올때 무기를 모두 갖추고 나올 수 있도록 명령어 블록의 순서로 적어 주세요.

(가) ➡ [   ] ➡ [   ] ➡ [   ]

코딩놀이

메시지를 이용한 신호등 만들기

Chapter 21

오늘의 놀이
* 메시지 기능에 대해 알아봅니다.
* 메시지를 이용한 블록의 사용법에 대해 알아봅니다.

완성

핵심놀이 신호등의 원리 살펴보기

자동차 신호등은 차량의 이동이 가능한 초록불과 멈춰야 하는 빨간불이 있으며, 초록불에서 빨간불로 전환되기 전에 잠시 지연 시간을 위해 노란불을 표시합니다. 그 이유는 초록불 신호에 교차로 안으로 들어선 차량이 지나갈 시간을 주기 위함이며, 빨간불 신호에서는 노란불을 표시하지 않고 바로 초록불로 바뀝니다.

▲ 초록불에서 빨간불로 바뀌는 상황

▲ 빨간불에서 초록불로 바뀌는 상황

메시지 생성 후 초록 및 빨강 메시지 연결하기

1 [파일]-[컴퓨터에서 가져오기] 메뉴를 클릭한 후 [Chapter21] 폴더의 '신호등.sb3' 파일을 불러옵니다. 그런다음 초록버튼 스프라이트의 [코드] 탭에서 [이벤트] 팔레트의 █████ 블록과 █████ 블록을 연결한 후 ▼[목록] 단추를 눌러 [새로운 메시지]를 클릭한 다음 [새로운 메시지] 대화상자가 나타나면 **메시지 이름(초록)을 입력**하고 **[확인] 단추를 클릭**합니다.

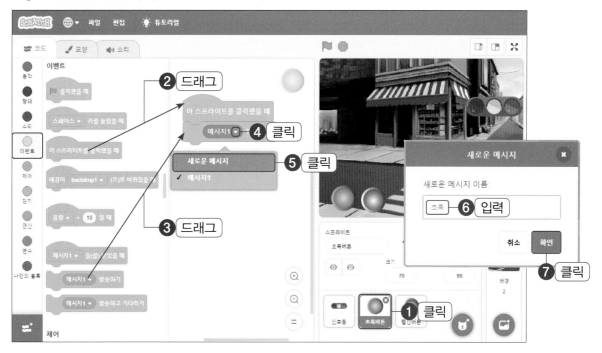

2 빨간버튼 스프라이트의 [코드] 탭에서 [이벤트] 팔레트의 █████ 블록과 █████ 블록을 연결한 후 ▼[목록] 단추를 눌러 [새로운 메시지]를 클릭한 다음 [새로운 메시지] 대화상자가 나타나면 **메시지 이름(빨강)을 입력**하고 **[확인] 단추를 클릭**합니다.

신호등 스프라이트에서 메시지에 따른 상황 만들기

1 신호등 스프라이트의 [코드] 탭에서 [이벤트] 및 [제어], [형태] 팔레트의 **블록을 연결**합니다.

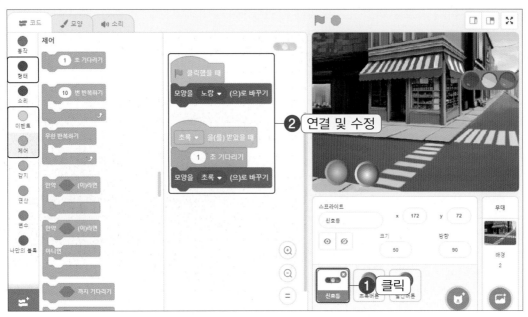

2 같은 방법으로 [이벤트] 및 [제어], [형태] 팔레트의 **블록을 연결**합니다.

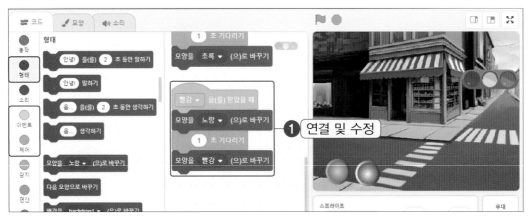

3 ▶[시작하기]를 **클릭**한 후 빨간버튼을 클릭하면 신호등이 빨간불, 초록버튼을 클릭하면 초록불로 바뀌는지 확인합니다.

연습해 보세요

1 스크래치 프로그램에서 [Chapter21] 폴더의 '자동차.sb3' 파일을 열고 결과화면과 같이 실행 창를 완성한 후 실행해 보세요.
- 새로운 메시지 : 출발 및 정지 메시지를 생성합니다.
- 자동차 스프라이트 : 출발 메시지를 받았을 때 무한 반복하여 이동 방향으로 10만큼 이동하며, 벽에 닿으면 튕깁니다. 정지 메시지를 받았을 때는 모든 코드를 멈추도록 설정합니다.
- 출발 스프라이트 : 스프라이트를 클릭했을 때 출발 메시지를 보냅니다.
- 정지 스프라이트 : 스프라이트를 클릭했을 때 정지 메시지를 보냅니다.

출발 ▼ 방송하기   정지 ▼ 방송하기   ◀ 출발 및 정지 메시지를 생성합니다.

[시작하기]를 클릭한 후 출발 및 정지 버튼을 눌렀을 때의 상황

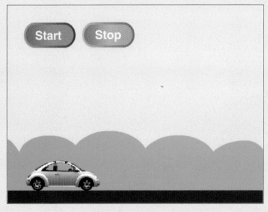 ▶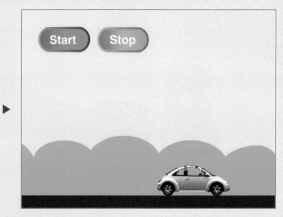

▲ [출발] 스프라이트의 "Start" 버튼을 클릭하면 자동차가 출발합니다.

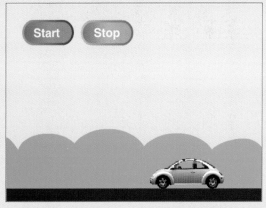 ▶

▲ [정지] 스프라이트의 "Stop" 버튼을 클릭하면 자동차가 정지합니다.

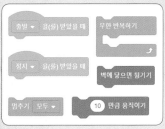

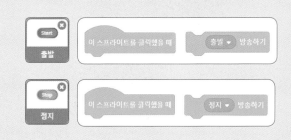

개미굴 확장을 위한 수레 만들기~*

개미마을에 인구가 늘어 개미집과 생활 공간이 많이 필요하게 되었습니다. 그러려면 땅을 파낸 흙을 밖으로 배출해야 하는데 필요한 수레가 많지 않네요~ 수레를 만들기 위해서는 4개의 바퀴를 상자에 끼워 만들어야 한다고 합니다. 수레를 만들기 위한 작업방에서 튼튼한 수레를 만들어 볼까요?

🍬 작업장에 들어간 개미는 바퀴가 너무 무거워 1개씩밖에 끼울 수 없다고 합니다. 작업방에서 개미가 바퀴를 끼워 수레를 완성 하도록 명령어를 넣어 주세요.

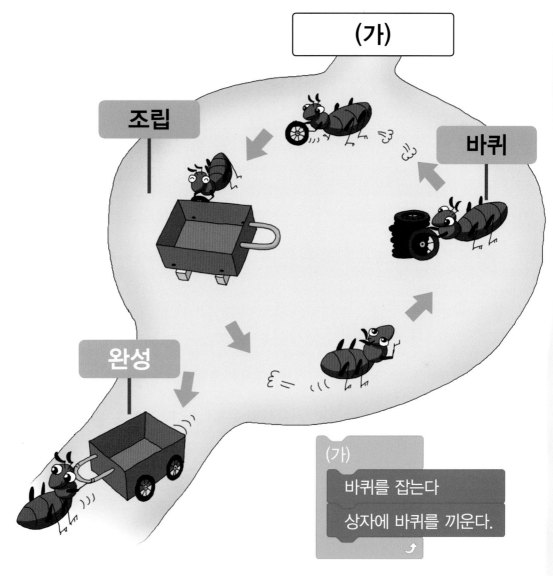

(가)

> 바퀴를 잡는다
>
> 상자에 바퀴를 끼운다.

▶ 튼튼한 수레를 만들기 위해 (가)에 들어갈 명령어로 옳은 것은 무엇입니까?

❶ [2번 반복하기]

❷ [3번 반복하기]

❸ [4번 반복하기]

❹ [5번 반복하기]

코딩놀이

묻고 기다리기로 대화 나누기

오늘의 놀이
- 묻고 기다리기의 기능에 대해 알아봅니다.
- 문자 결합하기 블록의 사용법에 대해 알아봅니다.

완성

핵심놀이 묻고 기다리기 및 문자와 문자 결합하기 블록 살펴보기

묻고 기다리기

[감지] 팔레트에서 제공하는 `What's your name? 라고 묻고 기다리기` 블록은 풍선말을 통해 컴퓨터 사용자에게 묻고 해당 대답을 `대답` 블록에 기억하고 있다가 기억된 대답을 필요로 하는 다양한 블록과 서로 연결하여 사용할 수 있도록 제공합니다.

문자와 문자 결합하기

[연산] 팔레트에서 제공하는 `apple 와(과) banana 결합하기` 블록은 문자와 문자를 결합하는 블록으로 첫 번째 문자(apple)와 두 번째 문자(banana)를 결합하는 블록입니다. 또한 첫 번째 및 두 번째에 들어갈 문자 영역에는 [연산] 및 [감지] 팔레트 등에서 제공하는 동그란 모양의 블록 등을 끼워 넣어 다양한 명령어 조합으로도 사용할 수 있습니다.

묻고 기다리기 및 문자 결합하기 사용하기

1 [파일]-[컴퓨터에서 가져오기] 메뉴를 클릭한 후 [Chapter22] 폴더의 '출석.sb3' 파일
을 불러옵니다. 그런다음 레이아웃을 변경합니다.

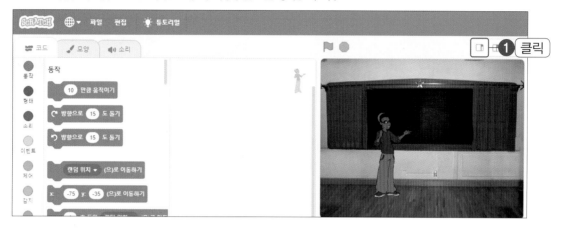

2 다음과 같이 [이벤트] 및 [감지] 팔레트의 **블록을 연결**한 후 **입력 값**(이름을 적어주세
요!)을 **수정**합니다.

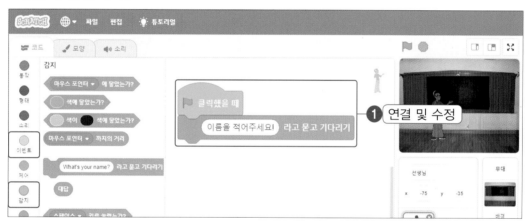

3 [형태] 팔레트의 [안녕! 을(를) 2 초 동안 말하기] 블록을 [이름을 적어주세요! 라고 묻고 기다리기] **블록에 연결**한 후 **입력 값(4)을**
수정합니다.

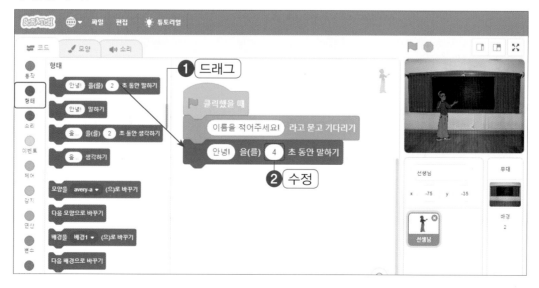

④ [연산] 팔레트의 ⟨apple 와(과) banana 결합하기⟩ 블록을 드래그하여 ⟨안녕! 을(를) 2 초 동안 말하기⟩ 블록의 내용 부분 (⟨안녕!⟩)에 끼워 넣어 ⟨apple 와(과) banana 결합하기 을(를) 4 초 동안 말하기⟩ 블록으로 만듭니다.

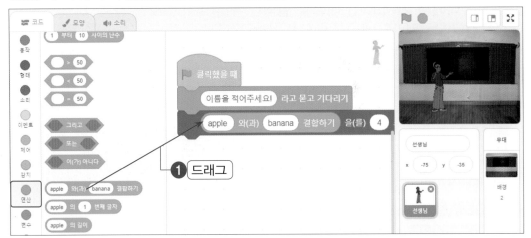

⑤ [감지] 팔레트의 ⟨대답⟩ 블록을 드래그하여 ⟨apple 와(과) banana 결합하기 을(를) 4 초 동안 말하기⟩ 블록의 첫 번째 내용 부분(⟨apple⟩)에 끼워 넣고 두 번째 **내용(님 안녕하세요.)을 수정**하여 ⟨대답 와(과) 님 안녕하세요 결합하기 을(를) 4 초 동안 말하기⟩ 블록으로 만듭니다.

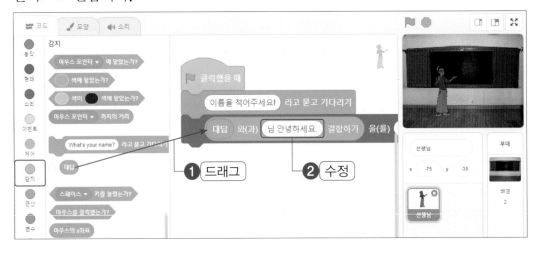

⑥ ▶[시작하기]를 클릭하면 선생님 스프라이트가 이름을 적어달라는 풍선 메시지와 함께 텍스트 상자가 표시되며, **이름(홍길동)을 입력**한 후 [Enter]를 누르면 본인의 이름과 함께 인사 내용이 풍선 메시지로 표시됩니다.

연습해 보세요

1 다음 중 아래 보기의 블록을 통해 사용자에게 묻고 입력된 내용을 저장하는 블록으로 옳은 것은 무엇일까요?

❶ apple 와(과) banana 결합하기

❷ 스페이스 ▼ 키를 눌렀는가?

❸ 대답

❹ 1 부터 10 사이의 난수

2 스크래치 프로그램에서 [Chapter22] 폴더의 '요리.sb3' 파일을 열고 결과화면과 같이 실행 창를 완성한 후 실행해 보세요.

- 학생 스프라이트 : [시작하기]를 클릭했을 때 [What's your name? 라고 묻고 기다리기] 블록을 이용하여 무엇을 먹을지 물어보고 해당 답변을 이용하여 아래쪽 결과화면과 같이 표시합니다.

[시작하기]를 클릭한 후 음식 이름을 입력했을 때 결과화면

 ▶

▲ [시작하기]를 클릭한 후 [What's your name? 라고 묻고 기다리기] 블록을 통한 입력 및 결과화면

창의놀이 23

조건 알고리즘

여왕개미와 알을 안전하게 대피시키기~*

개미마을에 장마로 물이 불어나 빨리 다른 집으로 대피를 해야한다고 합니다. 그런데 여왕개미님의 알방에 알들이 아직도 그대로 있다고 하네요~ 빨리 안전한 방으로 대피를 시켜야 하는데 일꾼 개미들이 안전하게 알들을 대피시킬 수 있도록 도와주세요.

🍬 개미마을로 물이 들어올 것 같습니다. 시간이 없군요~ 일꾼 개미들이 알들을 안전한 곳으로 대피시켜야 하는데 일꾼 개미 한 마리당 알을 4개씩 밖에 못 옮긴다고 합니다. 또한 일꾼 개미들이 숫자를 셀 수 없어 중간에 관리자 개미를 두어 4개씩 넣었는지 검사해야 한다고 합니다. 관리자 개미가 잘 검사 할 수 있도록 명령어를 연결해 주세요.

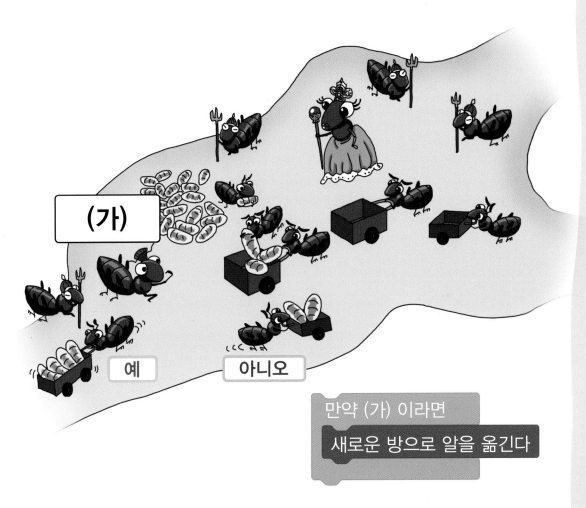

(가)

예   아니오

만약 (가) 이라면

새로운 방으로 알을 옮긴다

▶ 관리자 개미가 수레에 알이 정확하게 들어갔는지 알 수 있도록 (가)에 들어갈 명령어로 옳은 것은 무엇입니까?

❶ [알을 4개 넣었습니까?]

❷ [알을 3개 넣었습니까?]

❸ [알을 5개 넣었습니까?]

코딩놀이

비밀번호를 이용한 보물상자 열기

Chapter 23

오늘의 놀이
✿ 묻고 기다리기 블록의 사용법을 알아봅니다.
✿ 조건을 이용한 대답과의 비교 방법에 대해 알아봅니다.

완성

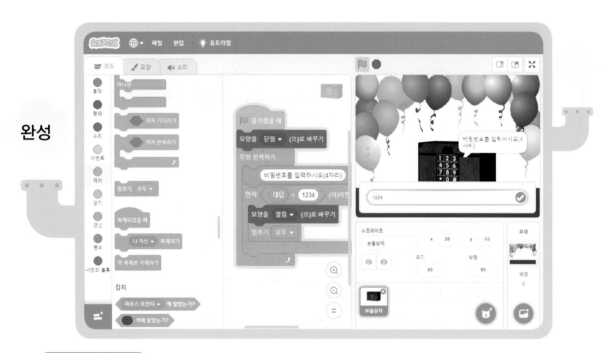

핵심놀이 비밀번호를 이용하여 열 수 있는 보물상자 만들기

스크래치에서 블록을 이용하여 프로그램을 코딩할 때 사용자에게 비밀번호를 요구하기 위해서 필요한 블록은 어떤 것이 있을까요?

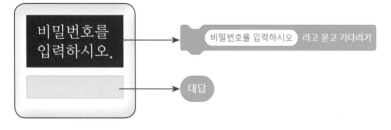

그렇다면 사용자가 기록한 비밀번호와 실제 비밀번호를 서로 비교하기 위해서는 어떤 블록을 사용하면 좋을까요?

138 창의코딩놀이(2) · 스크래치 3.0

묻고 기다리기 및 조건을 이용한 대답과 비교하기

① **[파일]–[컴퓨터에서 가져오기] 메뉴를 클릭**한 후 [Chapter23] 폴더의 '보물상자.sb3' 파일을 불러온 다음 보물상자 스프라이트의 [모양] 탭에서 **모양을 확인**합니다.

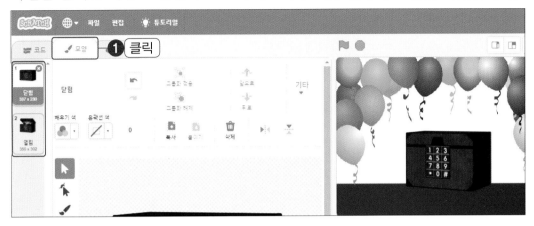

② **레이아웃을 변경**한 후 [코드] 탭에서 [이벤트] 및 [형태], [제어], [감지] 팔레트 등을 이용하여 다음과 같이 **블록을 연결**한 다음 **입력 값을 수정**합니다.

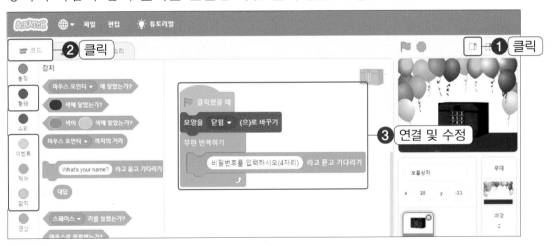

③ [제어] 및 [연산] 팔레트를 이용하여 블록에 블록을 끼워 넣고 입력 값 (1234)을 수정하여 블록으로 만듭니다.

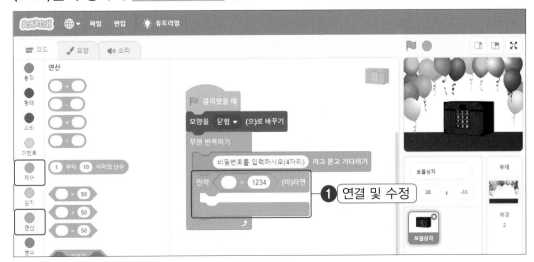

④ [감지] 팔레트의 [대답] 블록을 드래그하여 [만약 ○ = 1234 (이)라면] 블록의 내용 앞 부분에 끼워 넣어
[만약 대답 = 1234 (이)라면] 블록으로 만듭니다.

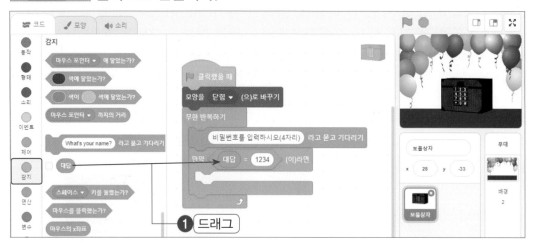

⑤ [형태] 팔레트의 [모양을 열림 ▼ (으)로 바꾸기] 블록과 [제어] 팔레트의 [멈추기 모두 ▼] 블록을 [만약 대답 = 1234 (이)라면] 블록
에 연결합니다.

⑥ ▶[시작하기]를 클릭하면 보물상자에서 비밀번호를 입력하라는 풍선말이 표시되며, 아래쪽에
표시된 텍스트 상자에서 비밀번호(1234)를 입력하면 보물상자가 열리고 비밀번호가 틀린 경
우 계속해서 비밀번호를 입력하라는 풍선말과 함께 보물상자가 닫힌 모양으로 표시됩니다.

연습해 보세요

1 스크래치 프로그램에서 [Chapter23] 폴더의 '마법사.sb3' 파일을 열고 결과화면과 같이 실행 창를 완성한 후 실행해 보세요.
- 마법사 스프라이트 : [시작하기]를 클릭했을 때 [What's your name? 라고 묻고 기다리기] 블록을 이용하여 마법 주문 완성을 묻고 마법 주문 완성 '참께'와 입력 값이 같으면 배경(열림)을 변경합니다.

[시작하기]를 클릭한 후 입력 값에 따른 상황

▲ 입력 값으로 "참께" 이외의 다른 값을 입력한 경우 결과화면

▲ 입력 값으로 "참께"를 입력했을 경우 결과화면

마법사

1 아래 그림과 같이 고양이 스프라이트가 자동차와 닿았을 때 고양이 스프라이트의 스크립트 창에 연결된 블록의 실행 결과로 옳은 것은 무엇일까요?

❶ 자동차가 '안녕하세요.'를 4초 동안 말합니다.

❷ 자동차가 '안녕히가세요.'를 4초 동안 말합니다.

❸ 고양이가 '안녕하세요.'를 4초 동안 말합니다.

❹ 고양이가 '안녕히가세요.'를 4초 동안 말합니다.

2 빨간그릇 안에 10이 들어있고 파란그릇 안에 20이 들어있을 때 아래 보기와 같이 블록을 연결하고 실행했다면 결과로 옳은 것은 무엇일까요?

❶ 조건에 모두 만족하지 않기 때문에 아무것도 실행하지 않고 다음 블록으로 넘어갑니다.

❷ '파란그릇 값이 큽니다.'를 4초 동안 말합니다.

❸ '빨간그릇 값이 큽니다'를 4초 동안 말합니다.

❹ '파란그릇 값이 큽니다.'를 4초 동안 말한 후 '빨간그릇 값이 큽니다'를 4초 동안 말합니다.

3 새로운 메시지 [발사]를 생성했을 때 [코드] 탭의 [이벤트] 팔레트에서 관련된 블록으로 옳지 않은 것은 무엇일까요?

4 스크래치 프로그램에서 [Chapter24] 폴더의 '식물키우기.sb3' 파일을 열고 결과화면과 같이 실행 창을 완성한 후 실행해 보세요.

- 화분 스프라이트 : 스프라이트를 클릭했을 때 화분2 모양으로 바꾼 후 '성장' 메시지를 보낸 다음 5초를 기다렸다가 화분1 모양으로 바꿉니다.
- 식물 스프라이트 : '성장' 메시지를 받았을 때 다음 모양으로 바꾼 후 1초 동안 기다리기를 6회 동안 반복합니다.

[화분] 스프라이트를 클릭했을 때 화분 및 식물 스프라이트의 변화 과정(1초 단위)

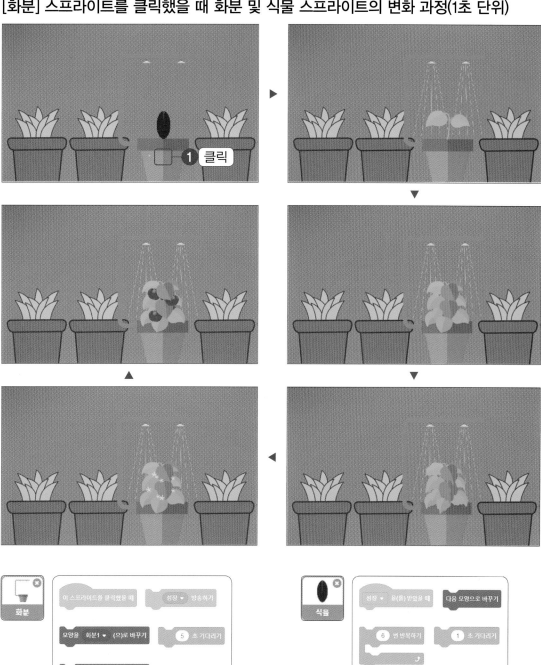

Lesson 3에서 만나요~